KB261452

아미타여래상

부처님께서 이 아미타경을 고심 끝에 설하시게 된 이유는 불쌍하게 죽은 영혼들만을 위해서가 아니다. 살아 있으면서도 아직까지 삶의 방향을 제대로 잡지 못하고 방황하는 산 사람들을 위하여 영원히 행복하게 살아갈 수 있는 영생의 길을 고구정녕하게 제시하신 말씀이기 때문에 죽기 전에 이 한 권의 경전을 손에 넣는다는 것은 사실 인생 중에서 가장 큰 행운을 잡는 절호의 순간이 되는 것이다.

극락세계 2
불설관무량수불경

© 공파, 1998

1998년 4월 11일 초판 1쇄 발행
2025년 12월 31일 초판 5쇄 발행

역자 공파 무구
발행인 박상근(至弘) • 편집인 류지호 • 편집이사 양동민
편집 김재호, 양민호, 김소영, 최호승, 정유리, 이란희, 이진우 • 디자인 쿠담디자인
제작 김명환 • 마케팅 김대현, 김대우, 이선호, 류지수 • 관리 윤정안
콘텐츠국 유권준, 김희준
펴낸 곳 불광출판사 (03169) 서울시 종로구 사직로10길 17 인왕빌딩 301호
　　　대표전화 02) 420-3200 편집부 02) 420-3300 팩시밀리 02) 420-3400
　　　출판등록 제300-2009-130호(1979. 10. 10.)

ISBN 89-7479-617-1 (03220)

값 12,000원

잘못된 책은 구입하신 서점에서 바꾸어 드립니다.
독자의 의견을 기다립니다. www.bulkwang.co.kr
불광출판사는 (주)불광미디어의 단행본 브랜드입니다.

극락세계 2

공파 스님 번역

불광출판사

佛說觀無量壽佛經

The sūtra of the Meditation on Amitabha Buddha

Tisarana

Buddham Saranam Gacchami

Dhammam Saranam Gacchami

Sangham Saranam Gacchami

願我臨欲命終時
원하옵나니, 저의 이 목숨 끝나려 할 때에

盡除一切諸障碍
일체의 모든 죄업 장애 모두 다 없애고서

面見彼佛阿彌陀
금빛 찬란한 아미타 부처님 친견한 후에

卽得往生安樂刹
곧 바로 극락세계 왕생하길 바라나이다.

劉宋三藏法師 畺良耶舍(Kalayasas) 漢譯
韓國 曹溪沙門 須彌山人 空波無垢 國譯

아미타불이 모셔진 법당에서의 예불문

志心歸命禮 極樂導師 阿彌陀如來佛
지심귀명례 극락도사 아미타여래불

극락세계에서 중생을 제드하시는 아미타 부처님께 목숨 바쳐 귀의하옵니다.

志心歸命禮 左右補處 觀音勢至 兩大菩薩
지심귀명례 좌우보처 관음세지 양대보살

좌보처 관음보살 우보처 대세지보살 두 보살님께 목숨 바쳐 귀의하옵니다.

志心歸命禮 一切淸淨 大海衆 菩薩摩訶薩
지심귀명례 일체청정 다해중 보살마하살

수많은 일체의 청정한 보살마하살님께도 목숨 바쳐 귀의하옵니다.

無量光中化佛多
무량광중화불다

아미타불의 한량없는 금색광명 가운데 수많은 화신의 부처님들

仰瞻皆是阿彌陀
앙첨개시아미타

우러러 뵈오니 이 부처님들도 모두 다 아미타불 당신입니다.

應身各挺黃金相
응신각정황금상

그 화신의 응신부처님들드 제각감 황금의 모습을 나타내시고

寶髻都旋碧玉螺
보계도선벽옥라

아름다운 머리모양은 짙푸른 소라 고둥들이 둘러 놓인 것 같습니다.

故我一心歸命頂禮
고아일심귀명정례

그러므로 저희들이 지극정성 일심으로 목숨 바쳐 귀의하옵나이다.

극락세계에 대하여

극락세계는 열반이 아니다. 열반의 세계가 바다라면 극락세계는 큰 강에 비유할 수 있다. 그러므로 그곳은 일체 중생들이 궁극적으로 회귀해야 하는 정점지가 아니다.

그러나 큰 강의 흐름에 일단 합류하게 되면 바다가 끌어당기는 흡인력에 의해 자연히 바다에 유입되어지는 것처럼 극락세계에 일단 태어나게 되면 시간의 장단(長短)이 있을지언정 언젠가는 반드시 열반의 세계에 무사히 안착되게 되는 것이다.

그러므로 극락세계는 열반이 아니다. 그곳은 열반에 들어가는 행로에 아미타불이 인간 완성의 기치로 거대하게 건립해 놓은 최고의 수련도장일 뿐이다. 그곳에서 수련을 마친 부처들이 시시때때로 배출되어 인연따라 전 중생세계에 고루 나타나 그들을 제도하고 그들을 교화하는 것이다. 그러므로 극락세계는 부처를 생산해 내는 거대한 부처학교라고 표현할 수 있다.

사실 이 사바세계는 부처가 될 수 있는 조건과 환경이 우주 중생계 가운데서도 가장 열악하기로 소문난 곳이기 때문에 이 사악한 세상에서 공덕과 선행을 부지런히 닦아서 성불한다는 것은 사실 거의 불가능한 일이다.

그래서 일단 모든 조건이 완벽하게 갖추어진 극락세계에 가 태어나기만 하면 공덕과 선행을 닦는 데 있어서 전혀 문제될 것이 없기 때문에 우선적으로 그곳에 왕생하려고 노력해야 하는 것이다. 왜냐하면 아미타불 밑에서 하루 동안 선행을 닦으면 이 세상에서 수만년을 힘들게 선행을 닦는 공덕보다도 더 수승하고 더 뛰어나기 때문이다.

그처럼 그곳은 학군적으로 이 우주 가운데서 가장 완벽한 교육시설을 갖추어 놓고 근기가 나약하고 지혜가 박약한 말세의 중생들을 부처로 양육하는 최적의 교육장소인 것이다. 다른 말로 표현하자면 그곳은 박복하기 그지없는 미완성된 인간을 불러다가 복덕과 지혜가 충만하게 완성된 부처로 양육하는 거대한 인큐베이터 같은 곳이라고 말할 수 있는 것이다.

그러나 많은 사람들이 극락세계를 열반의 세계와 동일시하고 있다는 데 문제가 있다. 엄격히 말해서 극락은 우주에 무수히 산재해 있는 중생계의 각 행성에서 부처가 되고자 원대한 꿈을 갖고 왕생한 거룩한 수행자들이 아미타 부처님을 모시고 지혜를 발로시키는 엄격한 수련도량이지 게으르게 안락을 누리며 호의호식으로 태평가를 부르고 무위도식으로 세월만 하릴없이 보내는 그런 곳은 절대로 아니라는 것이다.

그러므로 그곳은 이 지상 어느 곳보다도 더 열심히 수행하고 더 바쁘게 부처님을 공양하면서 더 부지런히 공덕과 선행을 닦아야 하는 곳이기 때문에 부처님을 믿지 않고 또한 자신도 부처가 되고자 하는 마음이 없는 사람들은 그곳에 결코 태어날 수가 없다는 것이다.

즉 본인이 직접 그 세계에 태어나기를 간절히 바라면서 끝없는 공덕을 쌓고 하염없이 염불을 하여야 그곳에 태어나는 것이 가능한 일이지, 본인이 지성으로 원하지 않는데 후손들이 아미타 부처님께 통곡으로 애원하고 그를 떠밀다시피 하여 억지로 왕생시킬 수 있는 곳은 결코 아니라는 것을 반드시 인식해야 한다.

왜냐하면 부처가 되고 싶지 않는 사람이 그 세계에 가 태어나게 되면 그 출생 자체가 이미 고역이고 더 없이 불행한 일이 되어 버리기 때문에 그곳을 극락이라고 부를 수가 없기 때문이다.

아무리 고통스럽고 아무리 괴롭다 하더라도 이 사바세계에 다시 태어나 치열한 경쟁 속에서 서로 속고 서로 속여가며 반복해서 또 힘들게 살아가고 싶은 사람들은 절대로 그곳에 왕생하려고 노력해서는 결코 안 되는 이유가 바로 여기에 있다.

왜냐하면 일단 그 극락세계에 가 태어나게 되면 윤회의 고리가 완전히 끊어져 버리기 때문에 아무리 이 땅에 다시 돌아오고 싶어도 부처가 되지 않는 이상 다시 이 사바세계에 인간으로 태어나기는 절대로 불가능한 일이기 때문이다.

흡사 유능한 인솔자가 되기 위해 훈련소에 입소한 생도가 훈련을 다 마치기 전에는 결코 귀가할 수 없는 것과 같은 이치이다.

그러므로 가족을 부처로 만들고 싶은 사람들은 지금부터 그들을 우주 최고의 명문학교인 극락세계에 입학시키도록 노력해야 할 것이다. 그 학교에만 입학하게 되면 그들은 완전 장학생으로 최적의 환경과 최고의 캠퍼스에서 끝없는 공덕과 선행을 닦아 모든 자유를 마음껏 누리며 영원히 살 수 있는 깨달음의 방법을 완벽하게 배울 수 있으니까 말이다.

그 학교의 총장은 물론 아미타불이며 임직원들은 바로 수많은 대승의 보살들로 구성되어 있고 지도교수는 사바세계에 자비의 화신으로 너무나 잘 알려진 최고의 스승 관세음보살과 대세지보살이 맡고 있기 때문에 누구든지 일단 그곳에 가 태어나기만 하면 모두 다 부처가 되는 것은 확실하게 보장받을 수 있게 되는 것이다.

그 부처학교의 입학요건은 환경대학이나 노인대학에 들어가는 절차보다도 더 쉽고 더 간단하여 누구든지 지성스런 마음으로 굳게 발원만 한다면 언제든지 왕생할 수 있도록 아직도 그 대문은 사바세계 쪽으로 주야장천 열려져 있는 상태이다. 그렇기 때문에 진정으로 행복과 영생을 원하는 자들이라고 한다면 이제 더 이상 그 세계로 나아가는 데 있어서 조금도 망설이거나 주저하지 말아야 할 것이다.

그 세계가 얼마나 좋은지 이 땅에서 먼저 그 세계의 외양이라도 대강 보고자 한다면 여기서 그 극락세계를 직관하는 방법을 우선 닦아 익혀야 할 것이다.

먼저 극락세계에 존재하는 사물들과 삼성(三聖)을 대상으로 두고 일념에 들어가는 13가지 방법과 비록 일념에는 들지 못하더라도 그 세계에 태어나는 부류들의 등차적인 모습을 보고 일념으로 생각해서 그 세계에 태어나는 아홉 가지 방법이 자세하게 전제되어 있으니 자기의 근기를 잘 파악해 여기서 조금도 퇴굴심을 내지 말아야 할 것이다.

다른 모든 경전들도 다 그렇지마는 부처님께서 이 관무량수불경을 고심끝에 설하시게 된 이유는 불쌍하게 죽은 영혼들만을 위해서가 아니라 살아있으면서도 아직까지 삶의 방향을 제대로 잡지 못하고 방황하는 산 사람들을 위하여 영원히 행복하게 살아갈 수 있는 영생의 방법을 16가지로 고구정녕히 제시하신 말씀이기 때문에 죽기 전에 이 한 권의 경전을 손에 넣어 그 말씀대로 이행한다는 것은 사실 인생 중에서 가장 큰 행운을 잡게 되는 절호의 기회가 되는 것이다.

그러므로 아직까지 입이 열리고 골절이 움직이고 있는 신실한 사람들은 오탁이 치성한 이 사바세계를 벗어나 극락세계에 기필코 왕생하여 인간완성의 부처가 될 수 있도록 끊임없이 그분을 염불하고 그분의 공덕을 찬탄하며 그분의 본원에 깊이 경배해야 할 것이다.

아울러 수많은 공덕과 선행을 부지런히 쌓아 나가면서 이 경전에서 제시한 16가지 방법을 의심없이 수련해 나아간다면 그야말로 진흙밭 속에 청초하게 피어있는 연꽃 같은 삶을 살아갈 수 있을 것이다.

그것이 이 세상에 태어난 인간이 해야 할 궁극적인 목적이며 지표이기 때문에 그렇게 하는 자는 최고의 미덕을 닦고 최고의 아름다움을 가꾸게 되어 후일 전 중생들의 영원한 귀의처가 되는 부처가 틀림없이 되게 될 것이다.

나무 아미타불!

관세음보살, 그분은 어떤 분이신가

관세음보살의 국적은 도대체 어디인가. 그분은 어디에서 이 땅에 오신 분인가. 그분의 역할은 과연 무엇이며 그분이 행하는 원초적인 교화의 속뜻은 진정 무엇이란 말인가.

그분의 국적은 극락세계이다. 그러나 과거에 그분은 우리들처럼 이 사바세계에서 일개의 범부로 살았었다. 그러다가 중생의 고통을 없애주겠다는 원대한 서원을 발하고 수많은 고행과 한없는 정진을 계속해 나아가다가 마지막으로 극락세계에 가 태어나게 되었다.

극락세계에 태어나게 된 동기는 물론 깨달음을 이루어 부처가 되기 위해서였다. 그 세계에는 누구라도 일단 한번 태어나기만 하면 그 당대에 반드시 부처가 될 수 있는 토양과 환경이 완벽하게 갖추어져 있기 때문이다.

그분도 예외없이 그곳에서 부처가 될 수 있는 최고 보살의 지위에까지 올라가 있었다. 그분의 복덕과 위신력은 전 허공계의 부처님들이 모두 다 함께 극찬할 정도로 매우 수승하고 훌륭하였기 때문에 결국 아미타 부처님의 교화를 직접적으로 돕는 아주 핵심적인 자리인 좌보처의 지위에까지 올라서게 된 것이다.

그러나 그분은 사바세계에서 고통과 괴로움으로 살아가고 있는 중생들을 깊이 생각하지 아니할 수가 없으셨다. 끝없는 윤회의 사슬 속에서 나고 죽어야 하는 사바세계의 중생들, 그 어느 누구 하나 과거에 그분과 부모 형제의 혈연관계를 맺지 아니한 중생이 없었기에 한시도 우리들을 잊을 수가 없었던 것이다.

그러다가 이제 분연히 일어나셨다. 어리석고 박복한 이 중생들을 교화하는 데는 말할 수 없는 어려움이 따르겠지마는 그래도 그분은 과거에 여기서 우리들처럼 일개 중생으로 살아 오셨기 때문에 그 어느 보살보다도 이 중생들의 품성과 죄업을 잘 알고 계시는 터라 극락세계의 모든 공양을 뒤로 하고 자원해서 이 사바세계에 강림하시게 된 것이다.

하루빨리 고통에 허덕이는 사바세계의 중생들을 모두 다 극락세계로 데리고 가야 되겠다는 연민심으로 수많은 천신들의 공경과 존경을 뒤로 하고 극락세계의 위대한 전령사가 되어 우리들 앞에 고고히 서시게 된 것이다. 허물어져가는 오래된 가옥에서 병들어 신음하는 옛 가족들을 차마 더 오래 보다 못해 여기보다 수백억 만 배나 더 생활하기가 편하고 더 문화수준이 좋으며 더 교육열이 높은 세계로 이사갈 수 있도록 그 길을 가르쳐 주는 훌륭한 인도자의 역할을 담당하시려고 이 땅에 오신 것이다.

사실 이렇게 의혹과 의심이 많은 박복한 중생들에게 극락세계의 존재를 가르쳐 준다는 것은 눈봉사에게 눈부신 태양을 설명하는 것만큼이나 힘든 일이 아닐 수 없었다. 그래서 그분은 우선 인연부터 맺어주어야 되겠다는 방편으로 마침내 관음신앙을 내세워서 나약한 중생들에게 온갖 신통력과 위신력을 구사하기에 이르른 것이다.

그래서 방황하는 중생들에게 따뜻한 안식처가 되어 주고자 언제나 자애스럽고 아름다운 자태를 나타내 주시고, 불시에 닥쳐오는 재앙과 환난의 고난으로부터 그들을 보호하고자 부드러운 어머니의 표정을 가진 여인의 형상으로 그 모습을 나타내 주시고 있는 것이다. 그 결과로 수많은 중생들이 그분이 내리시는 자비의 가피를 입으려고 끝없이 관세음보살이라는 그분의 이름을 부르고 있다. 자신의 안위를 위해서거나 가족의 평화를 위해서거나 간에 그들은 언제 어디서나 줄기차게 관세음보살을 지심으로 흠모하고 지성으로 염불하기에 이른 것이다.

어떤 관음도량에서는 이곳에서 기도를 하게 되면 한 가지 소원은 반드시 들어 준다고 한다. 그분과 인연이 있는 불교신자들의 수준과 차원이 어느 정도인지 그들이 간구하는 소원을 그곳에서 들어보면 한심스럽다 못해 안타깝기 그지없다는 것을 느끼게 된다. 그들은 사실 너무나도 보잘것 없고 하찮은 것들에 깊이 매달려 있는 삶을 살아가고 있기 때문이다.

죽지 않고 영원히 살 수 있는 유일한 방법을 달라고 할 줄 알았는데 고작 아이들의 시험합격이나 또는 남보다 돈 좀 더 많이 벌 수 있도록 해 달라는 유치한 소원들만 주야장천 발하고 있는 정도에 머무니까 말이다.

그렇다 보니 그분은 사실 금덩어리들을 주려고 왔는데 중생들은 오로지 구리조각을 원하고 있는 형상이 되어 버린 것이다. 다른 말로 표현할 것 같으면 그분은 중생들에게 불사약을 주려고 동분서주하시는데 중생들은 모두가 다 한 순간의 고통스런 위기를 넘기는 마약 같은 처방만을 바라고 있으니 그것을 내려다 보시는 관세음보살의 심정이 정말 어떠하겠는가.

그러므로 그분이 원초적으로 우리에게 바라는 것은 우리 모두를 빠짐없이 극락세계로 데리고 가서 중생들의 두꺼운 업장을 벗기고 우주를 자유롭게 주무르는 부처를 만들어 주시려고 이 사바세계에 오셨다는 것을 이제 명심해야 한다. 그러나 그 순수한 교화의 목적은 온데간데 없고 어떻게든 그분의 힘을 빌어 이 오탁의 세계에서 무사안일하고자 하는데 그 신앙의 전부가 되어 있으니 너무 슬픈 일이 아닐 수 없는 오늘의 현실인 것이다.

그러므로 그분과 인연을 맺고 있는 모든 사람들은 이 사바세계에서 받아야 하는 고통과 괴로움의 고통을 일시적으로 피하기 위해 그분을 부르는 일시적 신앙으로부터 과감히 벗어나 그분이 진정으로 원하는 극락세계에 반드시 가 태어나도록 간절히 발원해야 할 것이다. 그렇게 하는 것만이 이 땅에 내려오신 그분의 원초적인 교화의 의도를 정확하게 파악

하는 것이고 또 올바른 관음신앙 생활이라고 말할 수 있게 되는 것이다.

그렇기 때문에 관음신앙은 바로 미타신앙의 부분적 신앙이 되는 것이고 관음도량은 바로 미타도량의 축소판이라고 말할 수 있는 것이다. 그러므로 관음신앙과 미타신앙은 별개의 신앙이 아니라 똑같은 세계로 나아가는 하나의 동일신앙이라는 것을 이번 기회에 명확하게 알아서 모두 다 극락세계에 왕생하고자 일심으로 발원해야 할 것이다.

극락세계는 대승불교의 뿌리깊은 기반이며 불변의 터전이다. 이 세계를 두고는 그 어떠한 교리도 예식도 중생들에게 가까이 근접할 수가 없다. 그만큼 이 극락세계는 중생들의 심성에 깊이 내존되어 있는 영원한 관심처이면서도 궁극적인 귀의처가 되어 있는 것이다.

그러한 극락세계에 대해 부처님께서 설파하신 경전은 크게 세 가지로 분류한다.

첫 번째는 불설아미타경인데, 이것은 무량수경의 축소판이라고 보면 타당할 것이다. 비록 분량은 적은 경전이지만 극락세계에 대한 중요한 핵심이 들어 있기 때문에 독자들의 이해를 돕고자 그 내용을 지금 역해하고 있으니 출간을 기다려 주시면 고맙겠다.

두 번째는 불설무량수경인데, 원전에는 제목이 특이하게도 극락세계라고 되어 있다. 하지만 한역(漢譯)을 하면서 제목을 모두 다 불설무량수경이라고 붙여 지금까지 통용하고 있는데, 이 경전은 극락세계에 대한 건립과 장엄, 그리고 그곳에 살고 있는 중생들에 이어 왕생하는 자들에 대하여 광범위하게 해설하고 있다. 그래서 이 경을 대경(大經)이라고 하고 아미타경을 소경(小經)이라고 부르기도 한다. 이 경전은 빈납이 이미 직역해서 시중에 내어 놓았으니 참고하시기 바란다.

세 번째는 바로 이 관무량수불경인데, 줄여서 관경 또는 16관경이라고 부르기도 한다. 이 경의 내용은 부처님께서 위제희 왕비에게 현세에서 인간의 보통눈을 가지고서 극락세계와 아미타불을 직관해 볼 수 있는 16가지 선정의 방법을 설명하신 것이다.

이 경전의 번역은 속장경 본(續藏經本)을 원본으로 하였으며, 분과는 일본 정토종에서 주로 인용하는 선도 대사의 오분과(五分科) 대신 정영·혜원·가상·길장 대사들이 분과한 보통의 삼분과를 택하여 편집하였음을 밝혀 드린다.

사실 이제까지 이 경전에 대해 많은 번역본이 출간되었다는 것을 알고 있지만 모두 다 너무 어렵게 번역되었거나 혹은 잘못된 번역이 허다하다는 제방의 여론에 밀리어 본 병소납(病小衲)이 천박한 식견을 무릅쓰고 감히 그러한 문제점들을 다소나마 해소하기 위해 겁없이 이러한 졸작을 내어놓게 되었으니 선배 제현들은 이 빈납의 오만함을 너무 꾸짖지 말아 주었으면 하는 바람이다.

그리고 이러한 번역의 불사를 조금이나마 감당할 수 있도록 병든 천납을 이제까지 아껴 주고 지도해 주신 국내외의 모든 스승들과 고마운 지우(知友)들께 한없는 감사의 계수(稽首)를 올린다.

마지막으로 항상 변함없이 나의 공부를 꾸준하게 도와주
고 있는 내 아끼는 모든 제자들에게 이 미미한 공덕이나마
감사히 회향하고 싶다.
Sadhu! Sadhu! Sadhu!

2542 B.E. 따뜻한 어느 봄날에

須彌山人 空波 合什

이 경전을 설하시게 된 연유에 대하여

　지금부터 2600여 년 전쯤 중부 인도에 부국강병으로 경쟁하던 두 나라가 있었다. 하나는 카필라 왕국이었고, 또 하나는 마가다 왕국이었다. 그 두 나라의 왕들은 모두 다 덕망 있는 군주들로서 백성들을 어짊으로 잘 다스렸기 때문에 인도 전역에서 가장 살기 좋고 가장 평화로운 나라로 손꼽히게 되어 모든 작은 나라 왕들이 매우 부러워하고 있었다. 그러나 우연하게도 그 두 나라의 왕에게는 나이가 모두 50이 다 되어가는 데도 왕위를 이을 아들이 태어나지 않았다. 무엇 하나 부족함이 없는 부유한 나라들이었지마는 이상하게도 그들 사이에는 후손이 생겨나지 않았었다.

　그러다가 카필라 국에서 싯다르타 태자가 태어났다. 그 소식을 들은 마가다 국의 빔비사라 왕은 미칠 것만 같았다. 팽팽하게 맞서오던 균형이 무너지고 모든 세력이 이제 카필라 국의 정반왕에게 넘어간다고 생각하니 앞날이 불안해서 견딜 수가 없었다.

　그래서 그도 이제 기필코 왕자를 가져야 되겠다는 일념으로 전국에 산재해 있는 모든 신전에 수많은 은전을 내리고 복을 빌어 아이를 낳게 해달라고 간곡히 기도를 했다. 그러나 별 효험이 없었다.

이웃의 싯다르타 태자는 나날이 성장해 가고 있는데 그에게는 왕자가 태어날 기미조차 없으니 그 초조감은 이루 말할 수 없었다. 그래서 밤마다 잠을 이루지 못하고 백방으로 노력하였지만 결과는 모두 헛일로 끝나 버렸다. 빔비사라 왕은 전국에서 이름난 모든 주술가와 점술가를 궁중으로 불러들였다. 그 중에서도 가장 신통하게 미래를 잘 예언한다는 한 명의 선인을 힘들게 가려내어 그에게 은밀히 물어 보았다.

"내 팔자에는 정녕 자식이 없는가?"

"왕으로 태어나 덕으로 나라를 다스릴 수 있는 힘은 전생에 수많은 공덕을 지었기 때문입니다. 그런데 어찌 자식이 없겠습니까."

"그런데도 나는 왜 자식이 없는가?"

"대왕에게 자식이 없는 것이 아니라 대왕의 혈통을 받고 태어날 만한 복을 가진 자가 아직 없기 때문입니다. 즉 대왕을 아버지로 모시고 태어날 만한 복을 가진 자식이 없다는 것입니다."

"아무 자식이나 하나 생겼으면 좋겠다. 복이 있건 복이 없건 간에."

대왕은 애가 탔다. 거지 자식이라도 좋으니 자식만 하나 있었으면 좋겠다고 그는 넋두리를 했다.

"그렇지 않습니다. 고양이는 고양이새끼를 낳고 호랑이는 호랑이새끼를 낳습니다. 모두 다 자기의 분수와 복덕에 따라 자기에게 맞는 자식이 태어나 같이 어우러져 살게 됩니다. 대왕의 가계에는 후일 왕이 될 그런 재목이 태어나게 될 것입니다. 복이 없는 정령들은 왕비마마의 태중에 들어갈 수가 없습니다. 그런데도 만약 복덕이 갖추어지지 않는 정령을 억지로 태중에 착임시키면 대왕도 나라도 그 복없는 자식에 의해 엄청난 고통을 받게 될 것입니다."

"자식이 없다는 것, 그것 자체가 이미 고통이 아닌가? 더군다나 저 카필라 국의 싯다르타 왕자는 나날이 커가고 있는데, 이러다가 후일 내 나라가 저 왕자에게 빼앗기지나 않겠는가?"

"그렇지 않습니다. 대왕에게는 엄청난 복덕이 있기 때문에 그 복덕의 힘이 있는 한 결코 나라가 망하지 않습니다. 그러나 복이 없는 자식이 태어나면 대왕의 복을 그 왕자에게 반으로 나누어 주어야 하기 때문에 적은 복덕을 갖고서는 나라가 이처럼 계속 풍요롭게 유지될 수가 없습니다."

"그렇다면 내 평생에 결국 왕자를 보지 못한다는 말인가?"

"그렇지 않습니다. 단 한 명이 대왕의 왕자로 태어날 복을 거의 완벽하게 다 쌓아가고 있습니다. 그 복이 완전해지면 그가 곧 죽게 되고, 그러면 이내 왕비마마의 태중에 잉태되고 드디어 아주 고귀한 신분의 왕자로 탄생할 것입니다."

그 소리를 듣고 대왕은 눈이 휘둥그레졌다.

“그가 도대체 누구이며, 지금 어디에서 무엇을 한단 말인
가?”

대왕은 마른침을 삼키며 숨쉴 틈도 주지 않고 그 점술가를
다그쳤다.

“그는 선인(仙人)이며 현재 비부리산 동굴에서 수행을 하
고 있습니다.”

“가자. 내가 직접 찾아가리다”

대왕은 벌떡 일어나면서 소리쳤다. 점술가가 황급히 그의
앞을 가로막으면서 간곡하게 만류했다.

“기다리셔야 합니다. 그가 대왕의 태자로 태어나는 복을
완벽하게 구비하려면 아직도 삼 년이나 더 계속해서 수행을
해야 합니다. 지금 가시면 그의 수행에 장애가 생겨 그만큼
복덕을 쌓는 기간이 길어질 수도 있습니다.”

대왕은 생각했다. 3년 동안이나 기다려야 한다니. 그 시간
은 너무 길다. 3년 동안 저 정반왕과 모든 왕들의 눈치를 보
아가며 비웃음을 받아야 한다니. 이왕 내 자식으로 태어나게
되어 있다면 그것은 빠르면 빠를수록 좋은 것이 아닌가.

그는 결심하고 일어섰다. 그 선인과 담판을 지어야 되겠다
고 생각하고 군사들을 지휘하여 비부리 산으로 말을 달려 나
아갔다. 그리고는 이잡듯이 그 산을 뒤져 동굴에 은거하고
있던 백발의 수행자를 간신히 찾아내었다. 왕은 모든 신하들
과 군사들을 뒤로 물리고 선인과 담판을 짓기 시작했다.

“언제 죽을 것인가?”

“3년이 남았습니다.”

“그때까지 기다릴 수 없다. 지금 죽어서 내 왕자로 태어나
도록 하시오.”

대왕은 옥박지르듯이 애걸했다.

“아니 됩니다. 그러면 천리를 어기게 됩니다. 내가 지금 스
스로 죽는다고 해도 이 복을 가지고서는 대왕의 자식이 될
수가 없습니다. 지금은 기껏해야 공주 정도로 태어나는 복밖
에는 되지 않습니다. 3년이 지나야만 대왕의 위업을 달성할
수 있는 덕망 있는 태자로 태어날 수가 있습니다. 기다려 주
십시오.”

그는 다시 생각했다. 3년은 너무 길다. 만약 내가 지금 자
식을 가지면 전 세계가 깜짝 놀랄 정도로 큰 사건이 될 수
있는 일인데, 3년 동안 기다려야 한다니 그것은 절대 안 될
말이다. 내가 그때까지 기다리다가 혹 정신이 혼미하여 선정
을 베풀지 못해 복덕을 소비하기라도 한다면 나는 나라도 왕
자도 모두 다 잃을지도 모를 일이 아닌가 라고 생각하니 한
시가 더욱 급하게 느껴졌다.

“지금은 도저히 죽을 수가 없단 말인가? 그대의 신통 같으
면 분명 왕자나 공주 몸 정도는 쉽게 바꿀 수 있을 터인데.”

“3년만 기다려 주십시오. 복을 완벽하게 갖추어야 제가 대
왕의 뒤를 이었을 때 나라가 태평하고 백성이 안락할 수 있
습니다. 복덕이 갖추어지지 않는 자가 왕위를 계승하면 천기
가 어지럽고 백성이 불안할 뿐만 아니라 나라에 큰 재난이

그치질 않게 됩니다."

선인은 애원했다. 그러면서 또,

"카필라 국에 태어난 싯다르타 태자는 분명 부처가 될 것입니다. 저는 전륜성왕이 되어 전 세계를 통일하여 하나의 거대한 동일국가로 만들 자신이 있습니다."

그러나 그 애원이 대왕의 귀에 들어갈 리가 없었다. 그는 칼을 빼어들었다. 그리고는 애원하며 부복하고 있는 선인의 목을 내리쳤다. 비밀을 유지하기 위하여 그 점술가도 그 자리에서 목을 베었다. 피비린내가 바람을 타고 비부리 산을 짙게 훑고 지나갔다.

그로부터 왕비 위제희에게 태기가 있었다. 그 선인의 영혼이 잉태된 것이 분명했다. 왕과 대신들은 기쁨에 들떠 있었다. 이제 당당하게 왕자를 가진 대국의 왕이 될 수 있다는 데 대하여 큰 위안을 가지게 되었다. 드디어 아주 잘 생긴 왕자가 탄생했다. 왕은 성대한 잔치를 베풀고 모든 죄수들을 특별사면했다. 모든 이웃나라들이 문전성시를 이루며 태자의 탄생을 축하하고 진귀한 예물을 바쳤다. 대왕은 이제 부러울 것이 없었다.

잔치가 무르익어갈 때 대왕은 정반왕이 그러했던 것처럼 유명한 관상가를 불러 태자의 관상을 보아 달라고 부탁했다.

"왕자의 얼굴에 원한이 서려 있습니다. 이것은 태어나기 이전부터 대왕과 무슨 원한이 얽혀 있는 것이 틀림없습니다. 잘못 하다가는 큰 화를 당할 수도 있습니다. 나라마저 위태

롭게 될는지 모릅니다."

그 말을 듣고 빔비사라 왕은 새삼스럽게 깜짝 놀라지 않을 수 없었다. 선인은 결국 원한을 가지고 태어났던 것이다. 그래서 그의 이름을 아사세(Ajatasattu)라고 했다. 그 뜻은 태어나기 전부터 이미 원한을 가졌다는 의미로 미생원(未生怨)이라고 번역된다.

왕은 큰 고민에 빠졌다. 이제 어떻게 할 도리가 없었다. 그는 관상가를 옥에 가두고 왕비와 함께 왕자를 안고 큰 누각 위로 올라가 술을 줄기차게 퍼마시기 시작했다. 이 아이가 장성했을 때를 생각하니 두려움이 일어나 몸서리가 쳐지는 것이었다.

그는 술에 취해 혼미한 상태로 결국 아이를 누각 아래로 떨어뜨려 버렸다. 즉사를 했으면 좋겠다고 생각했는데 이상하게도 엄지손가락 하나만 부러지고 멀쩡한 상태로 구성지게 울고 있었다. 그때부터 그 아이는 손가락 하나만 부러졌다고 해서 절지(折指)라는 별명을 얻게 되었다. 아무리 원한을 갖고 태어났다고 해도 일단 자기 자식으로 태어났고 또 저렇게 슬피 울고 있는 것을 보니 측은하기가 이를 데 없어 왕은 가급적 모든 것을 잊고 그 태자를 잘 키우기로 결심했다. 왕자는 어쨌거나 부왕의 바람대로 씩씩하게 무럭무럭 자라났다. 아무런 일도 없는 것처럼 준수한 모습에다 장대한 기골로 모든 학문과 무예를 연마하면서 왕위를 이어받을 재목으로 나날이 성장해 나아갔다.

어느날 싯다르타 태자가 출가를 했다는 소식이 전해지자 빔비사라 왕은 그제야 한시름 놓게 되었다. 이제 카필라 왕국은 자기의 경쟁국이 될 수 없다는 안도감이 들었던 것이다. 더군다나 그의 왕자는 어느새 건장한 청년태자가 되어 있었고, 이제 인도 전역을 아무런 장애없이 하나로 통일하는 데 큰 장애가 되었던 걸림돌도 속시원하게 사라져 버렸기 때문이었다.

한편 싯다르타 태자가 대각을 이루어 부처가 되었다는 소식이 인도 전역에 퍼져 나갔다. 그 소식을 매우 충격적으로 전해 들은 곡반왕의 아들, 즉 부처님에게는 사촌동생이 되고 아난 존자에게는 친동생이 되는 데바닷다가 흑심을 품고 출가를 했다.

그는 어릴 때부터 언제나 싯다르타 태자를 시기하고 질투해 왔다. 태자는 그 때문에 여러 번 아주 헤어나오기 힘든 어려운 일에 봉착되기도 했다. 이제 그가 불교교단에 들어와 복 없는 부처님제자 500여 명을 감언이설로 꾀어 그의 제자로 만들어 버렸다.

그리고는 따로 하나의 독립된 교단을 만들어 언제나 부처님께 사사건건 시비하고 맞서면서 늘 도전적으로 부처님을 모함해 궁지에 몰아 넣으려고 안간힘을 썼다. 어떻게 해서든지 부처님을 파멸시켜야 되겠다는 일념으로 온갖 술수와 유언비어를 사방으로 퍼뜨리고 다녔다. 그는 부처님을 죽이고 자기가 부처가 되어 전 인류의 사표가 되고 전 중생계의 귀의처가 되어야 되겠다는 야심으로 가득차 있었다.

그러다가 드디어 아사세 태자를 만나 그에게 권력의 힘을 빌려야 되겠다고 생각했다. 그래서 아사세 태자를 유혹하여 아버지를 죽이고 전륜성왕이 되라고 부추기기 시작했다. 그리면 자기는 부처님을 살해하고 부처가 되겠다고 했다. 그러면 천하가 우리 것이고 그것을 함께 공유해서 태평성세를 누리자고 했다.

그 소리를 들은 아사세 태자는 이제 과거의 원한이 자기도 모르는 사이에 불현듯 일어나기 시작했다. 아무 이유도 없이 그저 부왕과 왕비가 미워지기 시작했다. 그렇게도 자기를 애지중지 곱게 키워주셨는데 어찌된 일인지 이제 부왕의 모습과 목소리는 물론 그를 죽이고 싶은 충동이 강하게 일어나기 시작했다. 아사세 태자는 내면에서 치솟아오르는 원한을 억누르지 못하고 결국 반역을 일으켜 부왕을 감옥에 가두어 버렸다. 그리고는 바로 모든 왕권을 찬탈하여 즉시 왕위에 올랐다. 그와 동시에 제바달다를 왕사로 추대하였다.

이것이 바로 왕사성에서 일어난 희대의 비극적 사건이 된 것이고, 이 경전인 관무량수경이 설해지게 된 동기가 되어진 것이다.

관무량수경의 내용은 바로 여기서부터 시작된다.

차례

佛說觀無量壽佛經

이 경전을 읽게 되는 모든 독자들은 2542년 전으로 거슬러 올라가야 한다. 즉 부처님이 열반에 드시고 난 후 그분의 말씀을 결집하기 위해 필발라굴에 모여든 500명의 고승들 속에 숨어 들어가야 한다. 그러면 아난 존자가 부처님께서 이 경전을 설하시던 당시 상황을 생생하게 기억하며 구술로 그 말씀을 재현하는 것을 직접 듣게 될 것이다.

제1장

서분(序分)

願往生 願往生
극락왕생 원하고 극락왕생을 원하옵니다

願生極樂見彌陀
극락세계 태어나서 아미타불 친견하고

獲蒙摩頂受記別
저의 머리 만지시며 수기 받길 원합니다.

불설관무량수불경

제1장 서분(序分)

如是我聞一時佛在王舍城耆闍崛山中與大比丘衆千二百五十人俱菩薩三萬
二千文殊師利法王子而爲上首

이와 같이 저는 들었습니다.

어느 한때 부처님께서는 마가다 국 왕사성의 영취산에 계
셨는데, 그분 주위로는 천이백오십 명이나 되는 큰 비구들이
모여 있었습니다.

또 삼만이천 명이나 되는 수많은 보살들이 그분을 모시고
있었는데, 그 중에서 불법의 왕자라고 일컬어지는 문수사리
보살이 그 무리들의 대표자로 있었습니다.

爾時王舍大城有一太子名阿闍世隨順調達惡友之教收執父王頻婆娑羅幽閉
置於七重室內制諸羣臣一不得往國太夫人名韋提希恭敬大王澡浴清淨以酥
蜜和麨用塗其身諸瓔珞中盛蒲萄漿密以上王爾時大王食麨飲漿求水漱口漱
口畢已合掌恭敬向耆闍崛山遙禮世尊而作是言

그 시점에 크고 넓기로 소문난 왕사성에 한 명의 태자가 살고 있었습니다. 그 태자의 이름은 아사세라고 하였습니다. 그는 데바닷다라는 사악한 친구의 유혹에 빠져 그의 부왕인 빔비사라 왕을 붙잡아 일곱 겹으로 둘러싸인 성내의 감옥에 유폐시켜 버리고 자기가 왕위에 올랐습니다. 그리고는 모든 대신들과 신하들에게 그 누구도 그의 허락없이 선왕인 빔비사라 왕을 면회하거나 음식을 주어서는 안 된다고 엄중하게 명령을 내렸습니다.

그 소식을 들은 선왕의 부인 위제희는 대왕의 안위가 걱정이 되어 죽을 것만 같았습니다. 그래서 그녀는 온몸을 깨끗하게 씻고 꿀에다 미숫가루를 반죽하여 자기의 전신에 고루 펴 발랐습니다. 또 보석이 박혀 있는 목걸이의 구슬을 모두 뽑아내고 각각의 홈 안에 포도즙을 가득 채워 은밀하게 남편인 대왕을 면회하기 시작하였습니다.

대왕은 부인이 아무도 모르게 온몸에 발라온 꿀반죽의 미숫가루를 핥아먹고 구슬구멍마다 채워진 포도즙으로 간신히 갈증을 없애는 기막힌 처지가 되어 있었습니다. 그래서 대왕은 입을 정결하게 씻고 난 뒤에 지극히 공경스런 마음으로 멀리 기사굴산에 계시는 부처님을 향해 지성스럽게 합장하고 예배를 드린 뒤 이와 같은 애원을 하기에 이르렀습니다.

大目犍連是吾親友願興慈悲授我八戒時目犍連如鷹隼飛疾至王所日日如是授

王八戒世尊亦遣尊者富樓那爲王說法如是時間經三七日王食麨蜜得聞法故顏
色和悅時阿闍世問守門者父王今者猶存在耶時守門人白言大王國太夫人身塗
麨蜜瓔珞盛漿持用上王沙門目連及富樓那從空而來爲王說法不可禁制

"대목건련은 저의 친구이옵니다. 원하옵나니 자비를 내리
셔서 그를 저에게 보내 주시옵소서. 저는 그에게로부터 재가
불자의 신분으로 지켜야 되는 여덟 가지 계율을 받고 싶사옵
니다."

이렇게 발원하고 나자 즉시에 목건련이 새매처럼 날렵하
게 날아와 그 왕 앞에 나타나는 것이었습니다. 나날이 이렇
게 목건련이 날아와서 대왕에게 여덟 가지 계율을 모두 다
완벽하게 설하여 주었습니다.

이 뿐만 아니라 부처님께서는 다시 설법제일인 부루나 존
자를 그에게 특별히 보내어 그를 위로하도록 하고 또 그에게
설법을 해주라는 배려를 해 주셨습니다. 이렇게 하기를 21일
이 지나가고 있었습니다. 비록 죄인의 신세로 칠중감옥에 깊
이 갇혀 있는 왕이지마는 왕비가 몸에 발라온 미숫가루를 먹
고 또 부루나 존자로부터 간접적으로나마 부처님의 설법을
기쁘게 듣다 보니 얼굴에는 기쁨과 편안함이 차츰 맴돌 수
있게 되었습니다.

그때 아사세 왕이 그 감옥을 찾아왔습니다. 틀림없이 굶어
죽었을 것이라고 생각한 그는 주검을 확인해야 되겠다는 생
각으로 감옥을 지키고 있는 문지기에게 다가가,

"나의 부왕은 어떻게 되었는가?"
라고 하문하였습니다.

문지기는 모든 것을 사실대로 아뢰지 않을 수 없었습니다.

"대왕대비께서 온몸에다 미숫가루를 발라와서 대왕을 먹이고 또 영락으로 된 목걸이의 모든 보석알을 빼내고 거기다가 포도즙을 넣어와서 대왕의 목을 축이도록 하셨습니다. 그뿐만 아니라 수도승인 목련 존자와 부루나 존자가 공중으로부터 새매처럼 날아와서 왕을 위해 계율을 내리고 또 설법을 해주곤 하였지마는 저희들로서는 어떻게 그분들을 제지할 수 있는 재간이 없었습니다."

時阿闍世聞此語已怒其母曰我母是賊與賊爲伴沙門惡人幻惑呪術令此惡王多日不死卽執利劍欲害其母時有一臣名曰月光聰明多智及與耆婆爲王作禮白言大王臣聞毗陀論經說劫初以來有諸惡王貪國位故殺害其父一萬八千未曾聞有無道害母王今爲此殺逆之事污刹利種臣不忍聞是旃陀羅我等不宜復住於此

이 말을 듣고 난 아사세 왕은 분노가 충천하여 곧바로 그의 어머니, 즉 대비인 위제희 부인에게 달려가 큰 소리로,

"나의 어머니도 역적이다. 왜냐하면 역적과 더불어 다를 바가 없기 때문이다. 수도승들도 악인들이다. 주문과 술수로 환영을 나타내 옥지기를 미혹케 하고 대왕을 면회해 이렇게

오랜 시간 동안 악한 왕이 스스로 굶어 죽지 않도록 하였기 때문이다. 먼저 내 어미부터 결코 용서치 않으리라.”

이렇게 고함을 지르며 시퍼렇게 날이 선 장검을 빼들고 노발대발하며 위제희 부인에게 달려가는 것이었습니다. 그 상황을 가까이서 지켜보고 있던 박식하고 총명하기로 소문난 월광이라고 하는 한 어진 신하와 부처님의 주치의로 너무나 잘 알려진 기바가 기겁을 하면서 대왕의 앞을 가로막아 섰습니다. 그리고는 예의를 다해,

“대왕이시여, 고정하소서. 과거의 우리 조상들이 가장 존경하고 가장 숭앙하는 베다의 성전과 그 해설서들을 우리들이 빠짐없이 모두 다 배워 왔는데, 그 해설서에 의하면 태초부터 이제까지 무수한 악왕들이 존재해 왔었다는 것을 알 수 있었습니다. 그들은 나라와 왕위를 찬탈하기 위해 한결같이 그들의 부왕을 살해하였는데, 그 수가 자그만치 일만팔천 명이나 된다고 기록하고 있습니다. 그러나 그 목적을 쟁취하기 위해 자기 어머니까지 극악무도하게 죽였다는 기록은 전혀 없을 뿐만 아니라 결코 들어보지도 못한 일이옵니다.

그런데도 이제 대왕은 그들과 다르게 어머니까지도 죽이려 하고 있으니, 이것은 극악무도한 일이며 역사에 위배되는 일이어서 결국 왕족의 명예를 더럽히는 일이옵니다.

우리들은 대왕이 백정 같은 자들이라야 감히 저지를 수 있는 그러한 극악의 행위를 했다는 오명을 차마 들을 수가 없기 때문에 만약 어머니를 죽이신다면 저희들은 더 이상 대왕

을 왕으로 모실 수도 없을 뿐만 아니라 이 나라에 더 오래도
록 머물고 싶은 마음도 없습니다."

時二大臣說此語竟以手按劍卻行而退時阿闍世驚怖惶懼告耆婆言汝不爲我
耶耆婆白言大王愼莫害母

　이렇게 고언을 드리고 두 신하는 왕에게 나아가서 장검을
빼앗으려 하였습니다. 왕이 칼을 빼앗기지 않으려고 날뛰기
때문에 대왕의 팔이 휘두르는 대로 칼은 앞뒤 좌우로 흔들리
고, 그럴 때마다 대신들의 몸도 칼을 따라 앞뒤 좌우로 정신
없이 움직이게 되었습니다.
　대신들이 죽음도 두려워하지 않고 칼을 빼앗으려 끝까지
기를 쓰고 막아서자 분노로 일순 정신을 잃은 아사세 왕은
그들의 충직에 매우 놀라게 되었고, 또 한편으로는 자기의
권위와 체통이 송두리째 무너져 내리고 있는데도 더 이상 어
떻게 움직일 수 없는 진퇴양난의 처지에 맞닥뜨려지게 되었
습니다.
　그래서 기바에게 한탄 섞인 어투로,
　"그대는 나를 도와주지 않겠는가?"
라고 원망하듯이 그를 바라보는 것이었습니다.
　기바가 대왕의 이와 같은 하소연을 듣고,
　"대왕이시여, 절대로 어머니를 살해하지 마옵소서."

라고 간곡히 애원하면서 그 앞에 부복하였습니다.

王聞此語懺悔求救卽便捨劍止不害母勅語內官閉置深宮不令復出時韋提希
被幽閉已愁憂憔悴遙向耆闍崛山爲佛作禮而作是言如來世尊在昔之時恆遣
阿難來慰問我我今愁憂世尊威重無由得見願遣目連尊者阿難與我相見

이렇도록 절절한 기바의 눈물어린 충언과 간청을 들은 대왕은 치밀어 오르는 분노를 삭이고 난 뒤 하마터면 왕족의 권위를 크게 손상시킬 뻔한 자신의 거친 행동에 대해 저으기 부끄러워하면서 자기의 어머니만은 직접 죽이거나 굶겨 죽여서는 안 되겠다고 생각하였습니다. 그래서 어머니를 죽이고자 하던 살기를 거두고 높이 쳐들고 있던 장검을 힘없이 땅에 떨어뜨리고 말았습니다.

그러나 아직도 분노가 가시지 않았는지 옆에 시립하고 있던 병사들에게 자기의 어머니를 왕궁 깊숙한 골방에 가두고 절대로 그의 허락없이 바깥에 나오지 못하도록 단단히 명령하였습니다.

어둡고 싸늘한 골방에 시녀들과 함께 갇히게 된 위제희 부인은 남편인 빔비사라 왕의 안위가 걱정되어 안절부절하기에 이르렀습니다. 그녀의 얼굴에는 근심과 걱정이 가득하고 그녀의 모습은 파리할 대로 파리해져 초췌하기 이를 데 없었습니다.

　골방에서 기진맥진하던 위제희 부인이 드디어 정신을 차리고는 멀리 기사굴산에 계시는 부처님을 향하여 정성스레 두손을 모으고 부처님께 공경스런 예배를 드리고 난 뒤에,

　"진리와 더불어 오고 가시어서 세상에서 가장 높은 어른이 되시는 부처님이시여. 제가 여기에 이렇게 갇히기 전에는 항상 아난 존자를 보내주셔서 수심에 젖어 있던 저를 위로하도록 하셨습니다. 이제 저는 구중골방에 깊이 유폐되어 버렸습니다. 지금 제 심정은 괴로움으로 가슴이 미어질 것만 같사옵니다. 부처님은 그 누구도 감히 갖지 못하는 신통력과 위신력을 갖고 있사오니 저의 처지가 어떻게 되어 있고, 또 어디에 갇혀 있는지 모두 다 알고 계실 줄 믿사옵니다.

　그러하오니 원하옵건대, 예전처럼 신통제일인 목련 존자와 아난 존자를 저에게 좀 보내어 주시옵소서. 그분들을 뵈오면 이 괴로운 심정이 한결 나아질 것 같사옵니다."

作是語已悲泣雨淚遙向佛禮未擧頭頃爾時世尊在耆闍崛山知韋提希心之所念卽勅大目犍連及以阿難從空而來佛從耆闍崛山沒於王宮出時韋提希禮已擧頭見世尊釋迦牟尼佛身紫金色坐百寶蓮華目連侍左阿難侍右釋梵護世諸天在虛空中普雨天華持用供養時韋提希見佛世尊自絶瓔珞擧身投地號泣向佛

　그렇게 애원하는 위제희 부인의 눈에는 모든 슬픔이 일시에 밀려와 뜨거운 눈물이 비오듯 쏟아져 내리고 있었습니다.

그런 와중에서도 그녀는 정성을 다해 멀리서나마 부처님을 향해 지극한 귀의심으로 지성스럽게 큰 절을 올리고 있었지만 복받쳐오르는 서러움은 어떻게 억누를 수가 없었습니다.

그녀가 부처님을 향하여 큰 절을 올리고 난 뒤 미처 고개를 들기도 전에 부처님께서는 위제희의 애틋한 하소연을 바로 받아들이시고 목련 존자와 야난 존자에게 지체없이 먼저 그녀에게로 날아가도록 하시고 곧 이어서 부처님도 기사굴산에서 홀연히 모습을 감추시고 왕궁의 골방 위에 거룩하게 나타나시는 것이었습니다.

그녀가 큰 절을 올리고 천천히 고개를 들어보니 전혀 뜻밖에도 세상에서 가장 높으신 어른이신 석가모니 부처님이 수많은 보석으로 이루어진 아름다운 큰 연꽃 위에 찬란한 황금색의 육신으로 거룩하게 앉아 계시는 것이 아닙니까.

그뿐만이 아니라 그분 좌측에는 목련 존자가 시립해 있고 오른쪽에는 저 아난이 안타깝게 그녀를 내려다 보고 있었습니다.

또 그 둘레에는 제석천왕과 범천왕, 그리고 네 명의 사천왕들이 허공 중에서 하늘꽃을 눈송이처럼 골고루 뿌려드리며 부처님을 공양하고 있었습니다. 너무나 뜻밖에 부처님이 직접 찾아오시자 위제희 부인은 순간 어찌할 바를 모를 정도로 크게 감동하여 목에 걸고 있던 영락 목걸이를 바로 풀어버리고 그분 발 아래 무릎을 꿇고 엎드려 슬프게 흐느끼면서,

白言世尊我宿何罪生此惡子世尊復有何等因緣與提婆達多共爲眷屬唯願世
尊爲我廣說無憂惱處我當往生不樂閻浮提濁惡世也此濁惡處地獄餓鬼畜生
盈滿多不善聚願我未來不聞惡聲不見惡人今向世尊五體投地求哀懺悔唯願
佛日敎我觀於淸淨業處

“부처님이시여. 저는 과거 전생에 어떤 죄업의 인연이 있
었기에 이렇도록 악독한 아들을 두게 되었으며, 부처님은 또
과거 전생에 데바닷다와 무슨 인연이 있었기에 그가 부처님
의 집안에 악마의 화신으로 태어날 수가 있었사옵니까?

오직 원하옵나니, 부처님이시여. 저에게 아무러한 근심과
걱정, 그리고 괴로움이 없는 세계를 빠짐없이 자상하게 가르
쳐 주시옵소서. 저는 여기서 죽으면 후생에는 진실로 그러한
곳에 가 태어나고 싶사옵니다. 이렇도록 무섭고 흉포한 이
세계, 다섯 가지 악한 기운이 독하게 서려있는 이 사바세계
에는 두번 다시 태어나고 싶지 않사옵니다. 이제 이러한 세
계에서 더 이상 살아간다는 것은 정말 지긋지긋하게 싫사옵
니다. 이 혼탁한 세계, 사악한 중생들이 뭉치어 끝없이 투쟁
하면서 힘들게 살아가야 하는 이 세계, 모두 다 지옥의 벌을
받고 있는 것 같은 고통 속에서 헤매야 하고, 아귀처럼 탐욕
과 싸움으로 으르렁거리고, 짐승처럼 지혜와 윤리가 없는 자
들이 뭉치어 사는 이 세계, 선하거나 착한 무리를 좀체로 찾
아볼 수 없는 이런 사악한 세계는 정말 이제 역겹도록 싫어
졌사옵니다.

원하옵나니, 내생에는 이제 이렇도록 흉포한 무리들이 모여 사는 지옥이나 아귀 그리고 축생 같은 세계의 이름조차도 듣기 싫사오며, 또 똑 같은 사람의 모습을 갖고 있으면서도 사람 같지 않은 행동을 하는 악인들의 무리들을 두번 다시 만나고 싶지 않사옵니다."

이렇게 말씀 드리고서 지성으로 다시 부처님께 큰 절을 올리고 난 뒤 비록 왕비의 신분으로 태어났다 하더라도 이렇게 험한 세상에 살아갈 수 밖에 없었던 과거 전생의 죄업에 대해 애잔하게 울면서 그 모든 것을 눈물로 참회하는 것이었습니다. 그리고는 또 다시,

"거룩하신 부처님, 당신은 하늘에 태양과도 같이 그 누구도 감히 견줄 수 없는 신통과 자재력을 갖고 계시옵니다. 오직 원하옵나니, 이러한 고통세계를 뛰어넘어 지극히 맑고 깨끗한 세계가 정말 있다면 그 세계들을 이 땅에서 직접 바라볼 수 있도록 그 방법을 가르쳐 주시옵소서."
라고 간곡히 애원하는 것이었습니다.

爾時世尊放眉間光其光金色徧照十方無量世界還住佛頂化爲金臺如須彌山
十方諸佛淨妙國土皆於中現或有國土七寶合成復有國土純是蓮華復有國土
如自在天宮復有國土如玻瓈鏡十方國土皆於中現有如是等無量諸佛國土嚴
顯可觀令韋提希見時韋提希白佛言世尊是諸佛土雖復淸淨皆有光明我今樂
生極樂世界阿彌陀佛所唯願世尊敎我思惟敎我正受

그 간곡한 애원을 듣고 부처님께서는 양 눈썹 사이의 이마
에 난 흰 털에서 금색의 광명을 찬란하게 내뿜기 시작하셨습
니다. 그 광명은 이 우주 가운데에 펼쳐져 있는 수많은 세계
들을 낱낱이 고루 비추다가 다시 부처님의 이마로 돌아오는
것이었습니다. 그러더니 그 광명들이 하나의 거대한 금대(金
臺)로 변하여 졌는데, 그것이 얼마나 큰지 마치 수미산과도
같았습니다.

그 금대의 벽면에 전 우주에 산재해 있는 일체의 청정하고
오묘한 모든 부처님 세계가 희한하게도 차례차례 그대로 모
두 다 나타나는 것이었습니다.

어떤 세계는 칠보로 합성되어져 있기도 하고, 또 어떤 세
계는 순수하게 연꽃으로 장식되어져 있기도 하고, 또 어떤
곳은 석가모니 부처님이 관장하시는 이 사바세계로부터 위
로 여섯 번째 하늘의 중심궁전인 타화자재천궁과도 같은 세
계 같기도 하고, 또 어떤 세계는 맑기가 마치 수정으로 된
거울과도 같이 깨끗하여 아름답기 그지없는 세계들도 있었
습니다.

그 거대한 금대의 벽면에 허공계의 일체 부처님 세계가 하
나도 빠짐없이 모두 다 신기하게 나타나는데, 정말 무량하게
많고도 많은 부처님의 모든 국토가 중생들의 상상을 초월할
정도로 제각기 신비롭게 장엄되어져 그대로 또렷이 나타나
는 것을 직접 보니 진실로 가관의 희유한 광경이었습니다.

석가모니 부처님은 그분만이 갖고 계시는 위신력으로 그

모든 세계를 모두 다 발현시켜 보통눈을 갖고 있는 위제희와
저희들에게 하나하나 면길히 살펴볼 수 있도록 하여 주셨습
니다.

너무나 감격스럽게 그 세계들을 찬찬히 훑어보고 있던 위
제희 부인이 부처님께 공손히 여쭙기를,

"부처님이시여, 부처님께서 보여주시고 계시는 이 모든 부
처님 세계는 비록 청정하기 이를 데 없어서 모두 다 광명으
로 넘치고 있지마는 저는 그곳들 중에서도 특이하게 아미타
불이 계시는 극락세계가 너무 좋습니다. 저는 그곳에 가 태
어나고 싶습니다.

그러하오니, 부처님이시여. 오직 원하옵나니, 그곳에 태어
나고자 하려면 어떻게 마음을 먹고, 또 어떠한 가르침을 따
라 행해야 하는지 자비를 내리셔서 가르쳐 주옵소서."
라고 어린아이처럼 졸라 대었습니다.

爾時世尊卽便微笑有五色光從佛口出――光照頻婆娑羅王頂爾時大王雖在
幽閉心眼無障遙見世尊頭面作禮自然增進成阿那含

그 수많은 세계 가운데서도 특별하게 위제희 부인이 극락
세계를 선택하여 그곳에 태어나기를 지극히 바라는 모습을
보고 부처님께서 미소로 빙그레 웃으시자 그분 입으로부터
다섯 가지 광명이 아름답게 흘러나오는 것이었습니다.

그 광명은 위제희 부인이 갇힌 방안을 감돌아 빔비사라 왕
이 갇혀 있는 골방에까지 뻗치어 대왕의 머리를 감싸안는 것
이었습니다.

그 광명의 가피를 입은 대왕은 비록 깊고 어두운 골방에
갇힌 몸이지마는 그 광명의 은덕으로 장애가 없는 마음의 눈
이 열리어 멀리 허공에 계시는 부처님을 직접 우러러 뵐 수
있는 신통을 얻게 되었습니다.

빔비사라 왕이 즉시 무릎을 꿇고 부처님께 예배드리고 나
자 과거에 지어온 일체의 선업이 그대로 증장되어져 이제 죄
업으로 인하여 윤회의 세계에 이끌리는 업의 사슬을 완전히
끊어버릴 수 있는 아나함과를 증득하게 되었습니다.

爾時世尊告韋提希汝今知不阿彌陀佛去此不遠汝當繫念諦觀彼國淨業成者我
今爲汝廣說衆譬亦令未來世一切凡夫欲修淨業者得生西方極樂國土欲生彼國
者當修三福一者孝養父母奉事師長慈心不殺修十善業二者受持三歸具足衆戒
不犯威儀三者發菩提心深信因果讀誦大乘勸進行者如此三事名爲淨業

그때 부처님께서 온화한 음성으로 위제희 부인에게 말씀
하시기를,

"그대는 이제 극락세계가 어떻다는 것을 대충 보았을 것이
다. 사실 아미타 부처님이 계시는 극락세계는 그렇게 멀리
떨어져 있는 곳이 아니니라.

그러므로 그대는 산만한 생각을 다잡아 저 극락세계를 똑똑하게 보도록 해야 할 것이니라. 그곳은 모든 중생들이 청정한 마음을 갖고 살아가는 곳이기 때문에 그 세계가 지극히 안락하고 맑고 깨끗하기 이루 말할 수 없는 곳이 되어 있느니라.

내가 이제 그대를 위하여 그 세계에 대한 여러 가지를 비유로 들어 광범위하게 허설해 줄 것이니라. 그대뿐만 아니라 미래에 이 땅에 태어나 살게 되는 일체 중생들도 누구나 청정한 선업을 닦게 되면 그대와 같이 서쪽 방향에 있는 그 극락세계에 반드시 태어날 수 있게 된다는 것을 이번 기회에 분명히 알게 될 것이니라.

박복하게 태어나는 말세 중생들 가운데서 그 누구라도 극락세계에 태어나고자 발원하는 자들은 반드시 먼저 세 가지 복을 닦아야 할 것이니라.

첫 번째는, 부모에게 효도를 다하고 지성으로 그분들을 봉양해야 할 것이며, 또 스승과 어른을 공경해야 할 것이니라. 그리고 늘 자비스러운 마음을 가지고 결코 산 생명을 죽이는 일은 하지 말아야 할 것이며, 또 열 가지 착한 선업을 힘써 닦아야 할 것이니라.

두 번째는, 부처님과 그 말씀, 그리고 그 말씀을 따라 수행하는 일체의 수행자들을 공경하고 그분들께 귀의하는 계율을 가져야 할 것이며, 자기의 분수에 맞게 250계나 348계나 5계, 8계, 10계 등을 목숨처럼 지키되 절대로 깨뜨리는 일이 없어야 할 것이니라.

세 번째는, 자신의 마음을 기필코 크게 깨달아야 되겠다는
마음을 일으켜야 할 것이니라. 그러면 먼저 인과의 법칙을
철저히 믿고 대승경전을 부지런히 독경하고 자기는 물론 다
른 사람들에게까지 이 법을 널리 알리어 함께 열심히 수행해
야 할 것이니라.

바로 이러한 것들이 극락세계에 태어나게 되는 전제 조건
인 청정한 선업을 닦는 것이라고 하느니라."
고 하셨습니다.

佛告韋提希汝今知不此三種業乃是過去未來現在三世諸佛淨業正因

부처님께서 다시 위제희 부인에게 말씀하시기를,
"그대는 내가 한 말을 잘 알아 들었는가?

앞에서 말한 세 가지 종류의 선업이 바로 과거 미래 현재의
모든 부처님과 시방 허공계에 한량없이 계시는 모든 부처님들
이 너희와 같은 일개 범부로 있으면서 후일 반드시 깨달음을
이루어 부처가 되어야 되겠다는 원력을 세우고 난 뒤 맨 처음
모두다 한결같이 닦기 시작했던 그런 수행 방법이니라.

그러므로 누구든지 부처가 되고자 하든가 극락세계에 태어나
고자 한다면 이 선업부터 반드시 수행해야 할 것이니라."
고 하셨습니다.

佛告阿難及韋提希諦聽諦聽善思念之如來今者爲未來世一切衆生爲煩惱賊之
所害者說清淨業善哉韋提希快問此事阿難汝當受持廣爲多衆宣說佛語如來今
者敎韋提希及未來世一切衆生觀於西方極樂世界以佛力故當得見彼淸淨國土
如執明鏡自見面像見彼國土極妙樂事心歡喜故應時卽得無生法忍

다시 부처님께서 저와 위제희 부인을 불러 말씀하시기를,

"명심해서 자세히 들어야 할 것이니라. 그리고 그것을 잘 생각해서 마음에 깊이 간직해야 할 것이니라.

나 부처는 지금부터 미래에 태어나는 일체 중생들이 번뇌에 침해되어 괴로움과 고통으로 허덕이게 될 때 어떻게 해야 그런 슬픔으로부터 벗어날 수 있는지 그 방법에 대해 바로 청정한 선행의 기본법을 설해 주고자 하느니라. 정말 대단하구나. 위제희여, 그대가 정말 아주 멋있는 질문을 나에게 하였구나."

하시더니 저에게,

"아난이여, 너는 내가 말세 중생들을 위하여 이제부터 설하게 되는 설법을 잘 받아 지녔다가 후일 내 말을 모든 중생들에게 골고루 전하여 번뇌의 괴로움으로부터 고통받는 중생들이 더 이상 없도록 해야 할 것이니라.

나 부처는 이제 위제희와 미래의 일체 중생들을 위하여 이 사바세계에서 서방극락세계를 나의 위신력으로 직접 보여주고, 또 후일 내가 없더라도 언제든지 자기 스스로 직접 바라볼 수 있는 방법들을 자세하게 설하여 줄 것이니라.

사실 그대들의 마음은 번뇌에 깊이 혼탁되어 있기 때문에 너

희들 자신의 힘만으로써는 그 세계를 직접 바라본다는 것은 절대로 불가능한 일이 되겠지마는 나 부처가 갖고 있는 위신력으로 말미암아 그대들은 범부의 보통눈을 가지고서도 맑은 거울에 자기의 얼굴을 분명하게 볼 수 있는 것처럼 힘들이지 않고 선명하게 그 세계를 직접 바라볼 수 있게 되는 것이니라.

만약 누구든지 그 극락세계만이 갖고 있는 최고로 아름답고 안락한 모습들을 보게 되면 그 마음에 끝없이 환희가 흘러넘치는 공덕으로 즉시에 불생불멸의 도리를 깨닫게 될 것이니라."
고 하셨습니다.

佛告韋提希汝是凡夫心想羸劣未得天眼不能遠觀諸佛如來有異方便令汝得見時韋提希白佛言世尊如我今者以佛力故見彼國土若佛滅後諸衆生等濁惡不善五苦所逼云何當見阿彌陀佛極樂世界

그리고는 다시 위제희 부인에게 말씀하시기를,

"위제희여, 그대는 한낱 평범한 범부의 신분에 지나지 않느니라. 범부는 생각이 옹졸하고 비열하기 때문에 천안을 얻지 않고서는 아주 먼 곳을 정확하게 볼 수가 없느니라. 그러나 모든 부처님들은 특이한 신통력이 있기 때문에 그것을 발휘하면 비록 범부라도 아주 아주 먼곳까지도 명확하게 바라볼 수 있게 되느니라."
고 말씀하시자 위제희 부인이 부처님께,

"부처님이시여, 저는 천만다행하게도 부처님의 신통력으로 그런 세계를 직접 볼 수 있는 기회를 가졌습니다.

그러나 부처님께서 열반에 드시고 난 뒤에 태어나는 말세 중생들은 혼탁과 사악에 휘말려 선업을 짓지 않다 보니 틀림없이 다섯 가지 고통[五苦]으로 심하게 허덕이게 될 것은 자명한 일일 터인데, 그런 중생들로서는 어떻게 해야 아미타불이 계시는 극락세계를 여기서 직접 바라볼 수가 있겠습니까?"
라고 공손히 여쭈어 보았습니다.

제2장

정종분(正宗分)

願往生 願往生
극락왕생 원하고 극락왕생 원하옵니다

願在彌陀會中坐
거룩한 아미타불 그 세계에 태어나서

手執香華常供養
언제나 향과 꽃을 공양하길 원하옵니다.

제1항

일상관(日想觀)*

佛告韋提希汝及衆生應當專心繫念一處想於西方云何作想凡作想者一切
衆生自非生盲有目之徒皆見日沒當起想念正坐西向諦觀於日欲沒之處令
心堅住專想不移見日欲沒狀如懸鼓旣見日已閉目開目皆令明了是爲日想
名曰初觀

부처님께서는 위제희 부인의 갸륵한 질문을 받고 그 방법
을 자상하게 설명해 주기 시작하셨습니다.

"위제희여, 그대와 같은 말세 중생들이 이 사바세계에서
극락세계를 직접 보고자 한다면 먼저 끝없이 들끓는 번뇌의
마음을 잘 다스려 응당히 그 마음을 어느 한 지점에 정확히
머물도록 해야 할 것이니라.
그런 마음으로 오직 하나 서쪽만을 바라보아야 하느니라.
그리고는 무엇을 생각해야 하느냐 하면, 이 세상에 태어나면
서부터 눈봉사가 아닌 모든 중생들은 자기가 갖고 있는 자신

---

* 서쪽에 지는 해를 일념으로 생각하는 방법

의 눈으로 서쪽 하늘에 걸려있는 태양을 먼저 바라보아야 할 것이니라.

혼탁스런 마음을 가라 앉히고 오로지 일심으로 서쪽을 향하여 단정히 앉아 눈 앞에서 서서히 사라져 가는 붉게 물든 태양을 조용하게 응시하도록 하라.

흐트러지고자 하는 마음을 굳게 다잡아서 조금만큼의 잡념도 들어오지 못하도록 하고 오로지 그 태양을 찬찬히 바라보되, 그 태양이 마치 서쪽 하늘 끝에 매달아 놓은 하나의 붉은 북과 같은 모습으로 보일 때까지 줄기차게 바라보도록 하라.

마침내 태양이 서쪽으로 넘어가는 것을 다 보게 되면 이제 눈을 뜨거나 눈을 감거나 상관없이 하나의 붉은 북과 같은 모습의 태양이 마음에서 사라지지 않고 또렷하게 남아 있게 될 것이니 오로지 그것만 골똘하게 생각해야 하느니라.

이것이 첫 번째로 이 땅에서 극락세계를 직관할 수 있는 방식인데, 바로 태양을 가지고 일념에 들어 그 세계를 바라보는 방법이니라."
고 말씀하셨습니다.

제2항

수상관(水想觀)*

次作水想見水澄淸亦令明了無分散意旣見水已當起氷想見氷映徹作瑠璃想
此想成已見瑠璃地內外映徹下有金剛七寶金幢擎瑠璃地其幢八方八楞具足
一一方面百寶所成 一一寶珠有千光明 一一光明八萬四千色映瑠璃地如億千
日不可具見

계속해서,

"다음으로는 물을 생각하는 것이 있느니라. 맑고 깨끗한
물을 일념으로 주시하되, 그 물을 마음에 깊이 새겨넣어 절
대로 분산되거나 흐트러지지 않도록 하여야 하느니라. 그렇
게 한 연후에는 이제 물이 얼음이 되어 있는 모습을 찬찬히
생각하여야 한다. 깨끗한 물이 얼어서 얼음이 되었기 때문에
그 얼음은 유리처럼 사물을 비추고 또 장애없이 일체를 투영
할 것이니라. 그리고 그와 같은 성질을 가진 평면의 유리를
이제 계속해서 생각하도록 해야 할 것이니라.

평평한 유리를 생각하게 되면 이제 안과 밖이 훤히 비치는

---

* 고요한 물을 일념으로 생각하는 방법

유리로 된 땅이 생각나게 될 것이니라. 그리고 이제는 그 밑에 다이아몬드와 일곱 가지 보석이 빽빽하게 박혀 있는 유리로 된 황금기둥이 그 땅을 떠받치고 있는 것을 연결해서 생각하도록 하라.

그 황금기둥은 정확하게 팔각형인데, 그 하나하나의 모퉁이 면마다 백 가지나 되는 보석들이 줄줄이 박혀 있으며, 그 낱낱의 보석에는 일천 가지나 되는 광채가 나오고, 개개의 광채마다 팔만사천의 빛깔이 있어서 위에 있는 유리의 땅을 한꺼번에 비추니 그 광채는 마치 억천 개의 태양빛과도 같아서 눈이 부시어 가히 바라볼 수가 없을 정도가 되는 그런 기둥을 조용히 생각하도록 하라.

瑠璃地上以黃金繩雜廁間錯以七寶界分齊分明一一寶中有五百色光其光如華又似星月懸處虛空成光明臺樓閣千萬百寶合成於臺兩邊各有百億華幢無量樂器以爲莊嚴八種淸風從光明出鼓此樂器演說苦空無常無我之音是爲水想名第二觀

유리로 된 땅 위에는 황금으로 된 보석줄이 그물처럼 가로세로로 나누어져 있는데 그 줄들은 일곱 가지 보석들로써 분명한 경계를 긋고 있느니라. 하나하나의 보석마다 오백 가지나 되는 광채가 제각기 뿜어져 나와 그것들이 허공에 한 덩어리로 둥실하게 뭉쳐지는데, 그것을 보면 마치 거대하고 아

름다운 하나의 큰 꽃이나 별, 그리고 보름달의 모양과도 같
게 생각되어지느니라.

　그리고 또 다른 한 무리의 광채들은 허공에다 장엄한 광명
대를 형성하는데, 그 위에는 수백 개의 보석이 빽빽하게 박
혀 있는 천만 개의 누각들이 줄을 지어 건립되어져 있느니
라. 그리고 그 장엄대의 양 끝에는 백억 종류의 꽃들로 장식
된 기둥이 그것을 떠받들고 있고, 그 기둥에는 수많은 악기
들이 무수하게 매달려 있는 것을 생각해야 되느니라.

　수많은 보석들이 광명을 내뿜으면 여덟 가지의 청명한 바
람이 일어나는데, 그 바람이 기둥에 매달려 있는 무수한 악
기들을 스치고 지나갈 때면 그 악기들은 저절로 ‘미혹한 삶
은 고통〔苦〕의 연속이다, 하지만 그 실체는 없는〔空〕 것이다.
그러므로 일체는 무상(無常)하여 나라는 주관〔無我〕이 없다’
라고 끝없이 연주하는 것을 생각하면 그 소리들을 직접 듣게
될 것이니라.

　이것이 두 번째로 이 땅에서 극락세계를 직관할 수 있는
방식인데, 바로 물을 가지고 일념에 들어 그 세계를 바라보
는 방법이니라.”고 말씀하셨습니다.

제3항

보지관(寶地觀)*

此想成時一一觀之極令了了閉目開目不令散失唯除食時恆憶此事如此想者
名爲麤見極樂國地若得三昧見彼國地了了分明不可具說是爲地想名第三觀

부처님께서 또 말씀하시기를,

"이러한 경지를 얻게 되면 그 극락세계의 땅 위에 존재하는
모든 것들을 하나하나 분명하게 생각하여 그 마음이 흐트러지
지 않게 해야 할 것이니라. 그래서 눈을 뜨나 눈을 감으나 그
영상의 사물들이 언제나 마음에 밝게 남아 있도록 해야 할 것
이니라. 오직 잠을 잘 때를 제외하고는 언제나 한결같이 이
영상들을 줄기차게 생각하고 있어야 한다는 것이니라.

이렇게만 된다면 이 사람은 대강 극락세계의 땅을 어렴풋
하게나마 보았다고 말할 수 있을 것이다. 이 시점에서 그 땅
의 모습이 일념으로 연속되어 결코 분산되어지지 않아 일념
삼매를 얻게 된다면 확실하게 극락세계의 땅을 보았다고 말
할 수 있을 것이다.

---

* 보석으로 된 땅을 일념으로 생각하는 방법

　　그러나 내가 지금 위에서 언급한 극락세계의 땅은 우선 알기 쉽게 대충 말한 것에 지나지 않을 뿐이지 전부를 자세하게 다 말한 것은 결코 아니니라.

　　이것이 세 번째로 이 땅에서 극락세계를 직관할 수 있는 방식인데, 바로 땅을 가지고 일념에 들어 그 세계를 바라보는 방법이니라.”
고 하셨습니다.

佛告阿難汝持佛語爲未來世 一切大衆欲脫苦者說是觀地法若觀是地者除八十億劫生死之罪捨身他世必生淨國心得無疑作是觀者名爲正觀若他觀者名爲邪觀

　　부처님께서 다시 저를 부르시더니,

　　“아난이여, 그대는 내 말을 잘 기억해 두어야 할 것이니라. 그러다가 후일 이 땅에 태어나는 중생들 중에서 고통과 괴로움을 벗어나기 위해 극락세계를 흠모하는 자가 있다면 이렇게 그 세계를 바라볼 수 있는 방법을 이대로 정확히 가르쳐 주어야 할 것이니라.

　　그 누구든지 나 부처가 가르쳐 주는 대로 의심없이 따라해서 그 세계의 땅을 보게 되는 사람은 과거 팔십억겁 동안 중생세계에 살아오면서 지어온 모든 생사의 죄업을 모두 다 소멸시키게 될 것이며, 죽어서는 틀림없이 그 극락세계에 태어나게 될 것이니라. 그러므로 절대로 내 말에 대해 의심하거나 의아해하지 말도록 하여야 할 것이니라.

누구든지 이런 방법으로 고통의 세계를 싫어해서 극락세계를 보고자 한다면 그것은 바로 올바른 방법이 되겠지마는 만약 그 외의 다른 방법을 써서 그 세계의 땅을 바라보고자 한다면 그것은 분명히 잘못되고 틀린 방법이 되는 것이니라."
고 말씀하셨습니다.

제4항

보수관(寶樹觀)*

佛告阿難及韋提希地想成已次觀寶樹觀寶樹者一一觀之作七重行樹想一一
樹高八千由旬其諸寶樹七寶華葉無不具足一一華葉作異寶色瑠璃色中出金
色光玻瓈色中出紅色光碼磇色中出硨磲光硨磲色中出綠眞珠光珊瑚琥珀一
切衆寶以爲映飾妙眞珠網彌覆樹上一一樹上有七重網一一網間有五百億妙
華宮殿如梵王宮

　부처님께서 다시 저와 위제희 부인을 불러 말씀하시기를,
　"땅을 생각해서 극락세계를 직관하는 방법이 이루어지면
그 다음으로는 극락세계에 있는 보석의 나무들을 이제 찬찬
히 생각하여야 할 것이니라.
　보석으로 된 나무를 생각할 대는 한 그루 한 그루를 차근
차근하게 일념으로 생각하여야 하는데, 그 나무들은 일곱 겹
으로 행렬을 지어 있기 때문에 하나하나 빠뜨림없이 잘 생각
하여야 하느니라.
　보석으로 만들어진 제각기의 나무 높이는 팔천 유순이나

---

* 보석으로 된 나무들을 일념으로 생각하는 방법

되며, 일곱 가지 보석으로 나무의 잎과 꽃이 되어 있는데, 어
느 한 나무도 꽃과 잎이 칠보로 이루어지지 않는 나무는 없
느니라.

제각각의 꽃과 잎에는 각기 다른 보석의 광채가 뿜어 나오
는데, 유리로 된 것에는 금색의 광채가 나오고 파려로 된 것
에는 붉은 광채가 나오며 마노로 된 것에는 자거로 된 광채
가 나오며 자거로 된 것에는 푸른 진주의 광채가 흘러 나오
느니라.

그뿐만 아니라 그 꽃과 잎에는 산호나 호박에 이어 일체
의 보석들이 제각기의 광채를 내뿜고 있어서 화려하고 아름
답게 장식되어진 것이 이루 말할 수 없느니라.

그 모든 나무들 위에는 진주로 만들어진 아름다운 그물망
이 거미줄처럼 고르게 덮여져 있고, 제각기의 나무 위에는
일곱 겹으로 된 보석망들이 그 속으로 다시 덮여져 있느니
라. 하나하나의 보석망 사이에는 오백 억이나 되는 미묘한
꽃 궁전들이 늘어서 있는데, 얼마나 아름다운지 마치 범천왕
의 궁전과도 같느니라.

諸天童子自然在中一一童子五百億釋迦毗楞伽摩尼以爲瓔珞其摩尼光照百

由旬猶如和合百億日月不可具名衆寶閒錯色中上者此諸寶樹行行相當葉葉

相次於衆葉間生諸妙華華上自然有七寶果一一樹葉縱廣正等二十五由旬其

葉千色有百種畫如天瓔珞有衆妙華作閻浮檀金色如旋火輪宛轉葉間涌生諸

그 속에 살고 있는 모든 하늘의 동자들은 아무러한 장애와 불편없이 자유롭고 평화롭게 그 속에서 노닐고 있는데, 그 모든 동자들은 제각각 이 우주 가운데서 가장 값비싸고 가장 희귀한 오백 개의 석가비능가마니 보석이 박혀 있는 목걸이를 걸고 있느니라.

그 석가비능가마니 보석이 내뿜는 광명은 백 유순이나 되기 때문에 정말 백억 개의 해와 달을 합쳐놓은 것보다 더 휘황찬란하여 언어로는 그 아름다움을 어떻게 다 표현할 수가 없느니라.

그러다 보니 나무와 나무 사이에 교차되는 수많은 광채의 색깔은 그 어떠한 빛깔의 광명보다도 더 현란하여 그 무엇으로도 비길 수가 없느니라.

이 모든 보석나무들은 가지런히 줄을 지어 마주 보고 서 있고, 잎과 잎은 간격을 맞추어 질서정연하게 달려 있는데, 그 각각의 잎 사이마다 신기하고 아름다운 꽃들이 피어 있고 그 꽃 위에는 자연스럽게 칠보로 만들어진 열매들이 가득하게 달려 있느니라.

제각각의 나뭇잎은 가로 세로가 한결같이 25유순이나 되며, 각각의 잎에는 천 가지 색깔에 백 가지 무늬가 수놓아져 있어 마치 천상의 영락구슬처럼 보아지느니라.

모든 아름다운 꽃송이들은 이 지상에서 가장 희귀한 황금인 염부단금과도 같은 빛깔을 발산하기 때문에 멀리서 보면 꼭 불바퀴가 잎 사이로 날아다니는 것 같은 눈부신 광명의 모습이 끝없이 나타나고 있느니라.

그리고 꽃봉오리에서 온갖 열매가 익어 나오는 모습은 마치 무엇이든 원하면 원하는 그대로 쏟아져 나오는 제석천왕의 신비한 요술병과도 같이 하염없이 바깥으로 익어져 나오느니라.

有大光明化成幢幡無量寶蓋是寶蓋中映現三千大千世界一切佛事十方佛國亦於中現見此樹已亦當次第一一觀之觀見樹莖枝葉華果皆令分明是爲樹想名第四觀

그리고 그 열매에서 내뿜는 모든 광명들은 때에 따라 수만 가지의 형상을 만들어 내는데, 어떤 때는 눈부신 깃발로 변화하기도 하고 또 수많은 보석의 일산들로 변화하기도 하느니라.

그 보석으로 된 일산들에는 시방 허공계의 모든 부처님 나라들이 소소영령하게 다 나타나고 삼천대천세계에서 한량없는 중생들을 제도하시는 무량한 부처님들이 완연하게 다 투영되기도 하느니라.

이렇게 신기로운 한 그루의 보석나무를 자세히 생각해 본 이후에는 반드시 하나하나의 보석나무들을 차례차례대로 모두 다 이처럼 차근차근하게 관조해 나아가야 하느니라. 그렇게 할때 그 나무들의 줄기와 가지, 그리고 잎과 꽃에 이어 과실들도 모두 다 아주 분명하고도 세세하게 오롯한 마음으로 깊이 생각해야 할 것이니라.

　이것이 네 번째로 이 땅에서 극락세계를 직관할 수 있는 방식인데, 바로 보석나무를 가지고 일념에 들어 그 세계를 바라보는 방법이니라."
고 하셨습니다.

제5항

보지관(寶池觀)*

次當想水欲想水者極樂國土有八池水一一池水七寶所成其寶柔軟從如意珠
王生分爲十四支一一支作七寶妙色黃金爲渠渠下皆以雜色金剛以爲底沙一
一水中有六十億七寶蓮華一一蓮華團圓正等十二由旬

　부처님께서 계속해서 말씀하시기를,

"그 다음으로는 이제 극락세계에 있는 공덕의 물을 생각하
여야 할 것이니라. 물을 생각한다는 것은, 저 극락세계에는
여덟 가지 공덕의 연못물이 있는데, 하나하나의 연못물은 제
각기 칠보로 만들어진 광대한 둑 속에 가득 채워져 있느
니라.

　그 칠보 둑 속의 공덕수는 부드럽고 따뜻하며 매끄럽고 시
원하느니라. 그 물들의 원류는 모두가 거대한 여의주 구슬로
부터 시작되어 다시 열네 곳의 지류로 흘러가는데, 제각기의
물줄기들은 언제나 일곱 가지 보석의 빛깔을 발산하면서 황
금으로 된 도랑으로 나누어져 흐르느니라.

---

* 보석으로 만들어진 연못을 일념으로 생각하는 방법

도량 밑바닥은 온갖 광색들이 혼합된 눈부신 다이아몬드의 모래가 가지런히 깔려 있고, 하나하나의 물줄기에는 60억이나 되는 칠보연꽃들이 아름답기 그지없게 피어 있느니라.

그 연꽃들은 한결같이 둥글고 탐스럽고 깨끗하고 동일한 것들인데, 크기가 자그만치 12유순이나 되느니라.

其摩尼水流注華間尋樹上下其聲微妙演說苦空無常無我諸波羅蜜復有讚歎諸佛相好者如意珠王涌出金色微妙光明其光化爲百寶色鳥和鳴哀雅常讚念佛念法念僧是爲八功德水想名第五觀

마니보주인 여의주에서 시작된 칠보색의 물줄기가 그 수 많은 연꽃들 사이를 잔잔히 흘러가면서 연꽃의 대궁이들을 위 아래로 싱싱하게 가꾸어 주느니라. 그러면서 고통[苦]과 공(空)·무상(無常)·무아(無我)와 모든 바라밀다(波羅蜜多)의 법문을 미묘한 물소리로 하염없이 연설하고 있느니라.

또 그 법문을 따라 불도를 이룬 모든 부처님의 서른두 가지 특이상[32相]과 80가지의 공덕상[80種好]들을 연이어 끝없이 찬탄하고 있느니라.

모든 물줄기의 원류인 거대한 여의주에서는 언제나 미묘한 금색광명이 솟아나와 수많은 보석빛을 내는 진귀한 새들로 변화하여 아름답고 애잔하게 노래하는데, 그 노래의 내용은,

'항상 부처님을 생각하고 또 부처님 말씀과 부처님 말씀을

따르는 수행자들을 생각하라'
고 하며, 또 더없이 곱고 감미로운 목소리로 불·법·승 삼보
를 바르게 믿으면 크나큰 공덕이 있게 된다고 거듭거듭 찬양
하는 것을 깊이 생각해야 하느니라.
　이것이 다섯 번째로 이 땅에서 극락세계를 직관할 수 있는
방식인데, 바로 극락세계에 있는 여덟 가지 공덕의 물을 가
지고 일념에 들어 그 세계를 바라보는 방법이니라."
고 말씀하셨습니다.

제6항

보루관(寶樓觀) *

衆寶國土——界上有五百億寶樓其樓閣中有無量諸天作天伎樂又有樂器懸
處虛空如天寶幢不鼓自鳴此衆音中皆說念佛念法念比丘僧此想成已名爲麤
見極樂世界寶樹寶地寶池是爲總觀想名第六觀

또 부처님께서 말씀하시기를,

"수만 가지 보석으로 이루어진 극락국토에는 또 하나하나
의 경계마다 오백 억이나 되는 보석누각들이 줄을 지어 즐비
하게 서 있는데, 그 누각들에는 한량없는 하늘사람들이 하늘
의 음악을 쉴새없이 연주하고 있느니라.

또 다른 악기들은 허공에 걸려 있는데, 그 공능이 꼭 도리
천상에 있는 보석의 깃발과 같아 누가 연주하지 않아도 저절
로 울리어서 아름다운 모든 선율을 있는 대로 자아내느니라.
누구든지 그 선율들을 들으면 부처님과 그 말씀, 그리고 부
처님말씀을 따라 수행하는 모든 수행자들을 하염없이 생각
나도록 해 주느니라. 이제 그런 것들을 골똘하게 생각하도록

---

* 보석으로 건립된 누각들을 일념으로 생각하는 방법

하라.

　이런 생각들이 무르익게 되면 적어도 극락세계의 보석나무와 보석땅에 이어 보석연못을 대강 보았다고 말할 수 있을 것이니라.

　이것이 여섯 번째로 이 땅에서 극락세계를 직관할 수 있는 방식인데, 바로 극락세계에 있는 전체적인 모습을 생각함으로 해서 일념에 들어가 그 세계를 바라보는 방법이 되느니라.

若見此者除無量億劫極重惡業命終之後必生彼國作是觀者名爲正觀若他觀者名爲邪觀

　중생들 누구든지 이러한 전체적인 모습을 대충이나마 보게 되는 자들은 이 중생세계에서 무량억겁 동안 지어온 극악중죄와 십악중죄의 일체 죄업을 모두 다 소멸할 수가 있게 되느니라. 그리고 천수를 누리다가 죽고 난 뒤에는 반드시 저 극락세계에 태어날 수 있게 되느니라.

　이런 형식으로 극락세계를 보려 하면 그것이 바로 올바르게 그 세계를 직관하는 방법이고 만약 여타의 방식으로 그 세계를 직관하고자 한다면 그것은 말할 것도 없이 틀린 방법이며 잘못된 것이니라.”

고 하셨습니다.

제7항

화좌관(華座觀)*

佛告阿難及韋提希諦聽諦聽善思念之吾當爲汝分別解說除苦惱法汝等憶持
廣爲大衆分別解說

　부처님께서 다시 저 아난과 위제희 부인에게 부탁하시기를,

　"그대들은 내가 하는 말을 명심하여 주의깊게 들어야 할 것이니라. 그리고 잘 생각해서 절대로 잊지 않도록 해야 할 것이니라.

　내가 이제 그대들을 위하여 나머지 것들을 세밀하게 잘 설명해 줄 것이니 내 말대로 하게 되면 일체의 고통과 괴로움으로부터 모두 다 벗어나게 될 것이니라.

　그러므로 그대들은 내 말을 잘 기억해 두었다가 후일 수많은 중생들에게 내가 한 것처럼 그대들도 자세하게 그대로 설명해 주어야 하느니라."

고 하셨습니다.

---

* 연꽃의 좌대를 일념으로 생각하는 방법

說是語時無量壽佛住立空中觀世音大勢至是二大士侍立左右光明熾盛不可
具見百千閻浮檀金色不得爲比時韋提希見無量壽佛已接足作禮白佛言世尊
我今因佛力故得見無量壽佛及二菩薩未來衆生當云何觀無量壽佛及二菩薩

　이렇게 말씀하시자 난데없이 무량수 부처님이신 아미타불
이 허공중에 홀연히 나타나시는 것이었습니다.
　그분의 오른쪽에는 대세지보살이 시립해 계시고 왼쪽에는
관세음보살이 시립해 계셨는데, 그분들이 내뿜는 광색이 어
찌나 밝은지 사바세계에서 생산되는 황금 중에서 가장 귀하
고 가장 눈부시다는 염부단금을 백천 무더기로 갖다대어도
비교가 되지 않을 정도로 휘황찬란하여 가히 눈으로 직접 바
라볼 수가 없었습니다.
　그때에 위제희 부인이 허공 중에 불현듯 나타나신 무량수
부처님을 직접 친견하고서 두 발을 가지런히 모으고 그분께
우러러 예배드리고 난 뒤 석가모니 부처님께,
　"세존이시여, 저는 너무나 감격스럽게도 석가모니 부처님
의 위신력에 힘입어 이렇게 무량수 부처님과 더불어 두 분의
큰 보살님들을 동시에 뵈올 수 있게 되었지마는 석가모니 부
처님 당신께서 이 세상에 안 계실 때의 말세 중생들은 어떻
게 해야 무량수 부처님과 이 큰 두 분의 보살님들을 직접 친
견할 수가 있겠사옵니까?"
라고 여쭈었습니다.

佛告韋提希欲觀彼佛者當起想念於七寶地上作蓮華想令其蓮華一一葉上作
百寶色有八萬四千脈猶如天畫脈有八萬四千光了了分明皆令得見華葉小者
縱廣二百五十由旬如是蓮華具有八萬四千葉一一葉間有百億摩尼珠王以爲
映飾一一摩尼珠放千光明其光如蓋七寶合成徧覆地上釋迦毗楞伽寶以爲其
臺此蓮華臺八萬金剛甄叔迦寶梵摩尼寶妙眞珠網以爲校飾

그러자 부처님께서 위제희 부인에게,

"말세 중생 그 누구든지 저 무량수 부처님과 관세음보살 그리고 대세지보살을 직접 친견하고 싶은 자들은 반드시 다음과 같은 생각을 지극히 일으켜야 할 것이니라.

먼저 칠보로 이루어진 극락세계에 피어 있는 아름다운 연꽃들을 간절히 생각해야 할 것이니라. 그 연꽃들의 하나하나 꽃잎에는 백 가지나 되는 보석의 광채가 새어나오고 또 팔만사천이나 되는 줄기는 수많은 문양들이 아로새겨져 있어서 마치 도리천상에 있는 제석천궁전의 벽화와도 같으니 그것을 그윽히 생각하도록 하라.

또 그 줄기마다 팔만사천이나 되는 광채가 어우러져 뿜어 나오고 있는데, 그것까지 분명하고 확실하게 모두 다 볼 수 있도록 그 모습들을 차근차근히 골똘하게 생각하도록 하라.

그 연꽃들 중에서 비록 작은 꽃잎들이라 할지라도 사방의 크기가 자그만치 250유순이나 되는데, 그 한 송이의 연꽃에는 팔만사천이나 되는 꽃잎들을 풍성하게 갖고 있느니라. 하나하나의 꽃잎 사이에는 가장 희귀한 마니보주가 백억 개나 들어 있어서 그 꽃송이들을 화려하게 장엄하고 있느니라.

그 수많은 마니보주는 제각기 일천의 광명을 밖으로 내뿜고 있기 때문에 멀리서 보면 흡사 커다란 광명의 일산처럼 보여지느니라.

그 연꽃들은 다시 칠보로 합성되어져 그 땅들을 고루 덮고 있는데, 그 연꽃 받침대는 석가비능가라는 보석으로 장식되어 있고 또 팔만이나 되는 다이아몬드와 견숙가 보석과 범천의 마니 보석과 오묘한 진주망으로 만들어져서 아름답고 오묘하기가 그지없느니라.

於其臺上自然而有四柱寶幢一一寶幢如百千萬億須彌山幢上寶幔如夜摩天宮復有五百億微妙寶珠以爲映飾 · 一寶珠有八萬四千光一一光作八萬四千異種金色一一金色徧其寶土處處變化各作異相或爲金剛臺或作眞珠網或作雜華雲於十方面隨意變現施作佛事是爲華座想名第七觀

그 연꽃대 위에는 자연적으로 생긴 네 기둥의 보배 깃발이 있는데, 하나하나의 깃발이 얼마나 큰지 마치 수미산을 백천만억 개나 포개놓은 것만큼의 높이로 펄럭이느니라. 그리고 그 깃발 위의 휘장은 야마천궁 속의 휘장과 같으며 그것은 오백억이나 되는 보석구슬로 찬란하게 꾸미어져 있느니라.

그 하나하나의 보석구슬에는 팔만사천이나 되는 광명이 쏟아져 나오고 또 하나하나의 광명에는 다시 팔만사천이나

되는 색다른 종류의 금빛을 발산하는데, 그 색다른 금빛은
제각각 그 보석의 땅들을 두루 덮고 있느니라.

  그리고 그 광명은 모든 곳에 여러 가지의 모습으로 변화하
여 나타나느니라. 어떤 때는 다이아몬드의 받침대가 되기도
하고, 또는 진주로 엮어진 진주망이 되기도 하며, 또 어떤 때
는 수많은 종류의 꽃구름이 되기도 하면서 온 시방 중생계에
임의대로 나타나서 끝없는 불사를 일으키고 있으니, 이제 그
것들을 그윽히 생각하도록 해야 할 것이니라.

  이것이 일곱 번째로 이 땅에서 극락세계를 직관하는 방식
인데, 바로 연꽃의 좌대를 일념으로 생각함으로 해서 그 세
계를 바라보는 방법이니라."
고 하셨습니다.

佛告阿難如此妙華是本法藏比丘願力所成若欲念彼佛者當先作此華座想作
此想時不得雜觀皆應 一 觀之 一 葉 一 珠 ·光 一 臺 一 幢皆令分明
如於鏡中自見面像此想成者滅除五萬億劫生死之罪必定當生極樂世界作是
觀者名爲正觀若他觀者名爲邪觀

  부처님께서 다시 저를 부르시더니,
  "이와 같은 아름다운 연꽃은 바로 법장 스님이 옛날에 지
대한 원력을 세워 이루어지게 된 것이니라. 그러므로 만약에
누구든지 저 아미타 부처님을 보려고 한다면 먼저 마땅히 이

연꽃의 좌대부터 깊이 생각해서 이것만 골똘히 생각하여야
할 뿐, 다른 잡다한 방법은 쓰지 말아야 할 것이니라.

반드시 하나하나의 꽃잎과 알알의 구슬과 낱낱의 광명과
제각기의 꽃받침과 또 각각의 기둥과 깃발들을 모두 다 생각
하여 마치 맑은 거울 속에서 자신의 얼굴을 보듯이 그 영상
들을 분명하게 생각하여야 할 것이니라.

이런 생각들이 완성하게 되면 오만억겁 동안 중생세계에
서 나고 죽으며 지어온 일체의 업장을 소멸하고 길이 장수하
다가 목숨이 다하게 되면 반드시 저 극락세계에 태어나게 될
것이니라.

이러한 방식으로 연화대를 보고자 하는 것은 바로 올바른
방법이지만 그외 여타의 방법으로 그 연화대를 보고자 한다
면 그것은 잘못된 것이니라."
고 말씀하셨습니다.

제8항

상상관(像想觀) *

佛告阿難及韋提希見此事已次當想佛所以者何諸佛如來是法界身入一切衆
生心想中是故汝等心想佛時是心卽是三十二相八十隨形好是心作佛是心是
佛諸佛正徧知海從心想生是故應當一心繫念諦觀彼佛多陀阿伽度阿羅訶三
藐三佛陀

    부처님께서 저와 위제희 부인에게 다시,

    "이러한 방법으로 연화대를 보게 되면 다음으로는 마땅히
부처님을 생각하여야 할 것이니라. 왜냐하면 모든 부처님 여
래는 바로 법계의 근본이 되는 몸이라서 일체 중생의 생각과
마음 속에 그대로 들어가 계시기 때문이니라.

    그러므로 그대들이 진지한 마음으로 부처님을 생각하게
되면 그 마음이 바로 부처라서 서른두 가지 특이상과 80가지
공덕상을 즉시에 일으키게 되느니라. 그래서 이 마음이 곧
부처를 이루게 되니 이 마음이 바로 부처인 셈이니라. 모든
부처님들이 갖고 계시는 가장 올바르고 온 법계에 아니 미치

---

* 아미타 부처님의 형상을 일념으로 생각하는 방법

는 곳이 없도록 가장 두루한 최고의 지혜는 거대한 바다와 같아서 한량없는 중생들을 교화하여도 조금도 줄어들지 아니하느니라. 그렇게 위대한 지혜도 사실 모두 다 중생의 마음으로부터 솟아나온 것이니라.

그렇기 때문에 응당히 일심이 되도록 흐트러지는 마음을 잘 다잡아 저 아미타불 아미타다타아가도(아미타여래) 아미타아라하(아미타응공) 아미타삼먁삼붇다(아미타정변지)를 깊이 생각하여야 할 것이니라.

想彼佛者先當想像閉目開目見一寶像如閻浮檀金色坐彼華上見像坐已心眼得開了了分明見極樂國七寶莊嚴寶地寶池寶樹行列諸天寶幔彌覆其上衆寶羅網滿虛空中見如此事極令明了如觀掌中見此事已復當更作一大蓮華在佛左邊如前蓮華等無有異復作一大蓮華在佛右邊想一觀世音菩薩像坐左華座亦作金色如前無異想一大勢至菩薩像坐右華座此想成時佛菩薩像皆放光明其光金色照諸寶樹一一樹下亦有三蓮華諸蓮華上各有一佛二菩薩像徧滿彼國此想成時行者當聞水流光明及諸寶樹鳧鴈鴛鴦皆說妙法

그 부처님을 그렇게 골똘히 생각하고자 하는 사람들은 먼저 마땅히 그 부처님의 형상부터 생각하여야 할 것이니라. 눈을 뜨거나 눈을 감거나 마음을 한결같이 하여 염부단 나무 밑에서 생산되는 황금색깔 같은 피부를 가진 한 분의 부처님 형상이 아름다운 연꽃 위에 단정하게 앉아 계시는 모습을 그

욱히 생각하여야 할 것이니라.

그 생각이 무르익게 되면 이제 아미타 부처님의 형상이 마음의 눈에 오롯이 새겨져서 언제 어디서나 분명하고 확실하게 친견할 수 있게 되느니라.

그렇게 될 때 극락세계의 땅들은 칠보로 장엄되어 있어서 그 국토는 어디에 가든 보석들이 지천에 널려 있으며 보석으로 만들어진 둑 속에는 여덟 가지 공덕을 구비한 맑은 물이 흐르고 보석들로 이루어진 나무들이 길마다 행렬을 지어 서 있으며, 모든 하늘에는 브석으로 장식된 휘장들이 그 땅들을 가득 덮고 있고 수많은 보석들로 꾸미어진 진주망들이 허공을 가득 메우고 있는 이러한 광경들을 마치 손바닥 안을 들여다 보듯이 분명하게 바라볼 수 있게 될 것이니라.

이러한 모습들을 보고 난 뒤에는 또 다시 부처님의 왼쪽에 피어 있는 하나의 커다란 연꽃을 생각해야 할 것이니라. 그 연꽃의 크기와 줄기, 그리고 아름답게 광채를 놓는 모습은 앞에서 말한 것과 같으니 이제 그것을 잘 생각해야 할 것이니라.

동시에 부처님 오른쪽에 피어 있는 하나의 커다란 연꽃도 물론 같이 잘 생각해야 하느니라. 그리고 나서 또 다른 왼쪽의 연꽃 위에 앉아 있는 한 분의 관세음보살 형상을 생각해야 하는데, 그 보살을 앉히고 있는 금색의 연꽃 모양은 부처님 옆에 피어 있는 그 연꽃과 모든 것이 동일하기 때문에 앞에서 말한 그런 방식으로 골똘히 생각하면 될 것이니라.

마찬가지로 오른쪽의 연꽃 위에 앉아 있는 한 분의 대세지
보살 형상을 위와 같이 생각해야 하는데, 그 연꽃은 관세음
보살을 앉히고 있는 연꽃 모습과 일치하므로 역시 그런 방식
으로 그윽히 생각하면 될 것이니라.

이러한 생각이 완벽하게 이루어지면 이 시점에서 그 사람
은 틀림없이 그 세계에 흐르는 물의 소리와 넘쳐나는 광명과
보석들로 빛나는 나무들과 오리들과 기러기들의 소리들이
모두 다 미묘한 진리의 법을 연설하고 있다는 것을 듣게 될
것이니라.

出定入定恆聞妙法行者所聞出定之時憶持不捨令與修多羅合若不合者名爲
妄想若與合者名爲麤想見極樂世界是爲像想名第八觀作是觀者除無量億劫
生死之罪於現身中得念佛三昧

그 진리의 설법들은 선정에 들 때나 선정에 들지 않거나를
가리지 않고 이제 언제나 변함없이 항상 그의 귀에 들려지게
되어 이 세상에서 직접 극락세계의 설법을 아무러한 장애없
이 그대로 청취할 수 있게 되느니라. 수행자가 이런 설법을
분명히 듣게 될 때에는 일부러 선정에 들지 않아도 그 설법
들을 빠짐없이 모두 다 기억해서 하나도 망각하는 일이 없게
되며, 그 설법들은 내가 여기서 설법하는 것과 조금도 다름
이 없을 것이니라.

　　만약 그 설법이 내가 여기서 말한 설법과 내가 손수 가르친 경전과 일치하지 않게 되는 경우에는 한낱 망상에 지나지 않는 것이지마는 혹 나의 가르침과 일치되게 들린다면 그 수행자는 비록 표면적이나마 극락세계를 대강 보고 있다고 생각해도 무방할 것이니라.

　　이것이 여덟 번째로 이 땅에서 극락세계를 직관할 수 있는 방식인데, 바로 아미타불과 두 보살을 생각하여 일념에 들어 그 세계를 보는 방법이니라. 이런 방법으로 그 세계를 직관하는 자들은 무량억겁 동안 중생세계를 윤회하면서 알게 모르게 지어 온 모든 죄업들을 일시에 소멸할 것이며, 동시에 현생의 몸으로 바로 염불삼매를 직접 얻을 수 있을 것이니라."

고 말씀하셨습니다.

진신관(眞身觀) *

佛告阿難及韋提希此想成已次當更觀無量壽佛身相光明阿難當知無量壽佛
身如百千萬億夜摩天閻浮檀金色佛身高六十滿億那由他恆河沙由旬眉間白
毫右旋宛轉如五須彌山佛眼如四大海水青白分明身諸毛孔演出光明如須彌
山彼佛圓光如百億三千大千世界於圓光中有百萬億那由他恆河沙化佛一一
化佛亦有衆多無數化菩薩以爲侍者

　　부처님께서 또 저와 위제희 부인에게,

　　"이러한 생각이 성취되고 난 뒤에는 다음으로는 반드시 아
미타 부처님의 형상과 그분이 내뿜으시는 광명을 그윽하게
생각해야 할 것이니라."
고 하시더니 다시 저를 특별히 불러,

　　"아난이여, 잘 알아야 할 것이니라. 무량수불이신 아미타
부처님의 몸은 백천만억 무더기로 야마천궁을 장식한 염부
단의 황금색만큼이나 찬란하게 한량없는 광명을 쏟아내시느
니라.

---

* 아미타 부처님의 진신을 일념으로 생각하는 방법

그 부처님의 키는 60만억 나유타 항하사 유순이나 되느니라. 양 눈썹 사이에 난 흰털은 오른쪽으로 돌아가며 정연하게 말리어져 있는데, 그 크기가 수미산 다섯 개를 뭉쳐 놓은 것만큼이나 크고 우뚝하느니라.

또 그 부처님의 눈은 깊고도 그윽하여 동서남북의 큰 바다와도 같으며 청색의 눈동자와 흰색의 흰자위가 분명하고 더없이 선명하여 우아하고 아름답기 그지없느니라.

그분의 신체에 퍼져 있는 모든 털구멍에서는 끝없는 광명이 발산되는데 그 광명의 범위는 수미산을 덮을 만큼 크고도 넓게 퍼져나가느니라.

또 그 부처님의 지혜 원광은 삼천대천세계를 백억 개나 합쳐 놓은 것만큼이나 크게 뻗어나가는데, 그 원광 가운데는 다시 또 갠지스 강가의 모래 백만억 나유타보다도 더 많은 화신의 부처님이 나타나시고, 그 한 분 한 분의 화신 부처님에게는 또 다시 많고 많은 무수한 화현의 보살들이 그 부처님을 모시고 있느니라.

無量壽佛有八萬四千相——相中各有八萬四千隨形好——好中復有八萬四千光明——光明徧照十方世界念佛衆生攝取不捨其光相好及與化佛不可具說但當憶想令心眼見見此事者卽見十方一切諸佛以見諸佛故名念佛三昧作是觀者名觀一切佛身以觀佛身故亦見佛心佛心者大慈悲是以無緣慈攝諸衆生

무량수 부처님이신 아미타불에게는 또한 팔만사천이나 되는 공덕의 상호가 있고 하나하나의 상호에는 제각기 또 팔만사천이나 되는 부수적인 상호가 있으며 하나하나의 부수적인 상호에는 다시 또 팔만사천이나 되는 광명이 끝없이 뿜어져 나오는데, 그 하나하나의 광명은 아미타불을 염불하는 온 시방 허공계의 중생들을 골고루 비추어 하나도 빠뜨리지 않고 모두 다 극락세계로 끌어 당기고 있느니라.

그분이 갖고 계시는 무수한 광명과 서른두 가지의 특이상과 팔십 가지의 공덕상과 더불어 분신한 화현의 모습은 정말 얼마나 대단하고 굉장한지 중생들의 언어로써는 어떻게 가히 그것을 설명할 수가 없느니라. 그렇기 때문에 다만 응당히 마음으로 그분을 그윽하게 생각하여 마음의 눈으로 그분을 볼 수 있도록 노력해야 할 것이니라.

이렇게 거룩한 그분의 모습을 마음으로 보는 사람들은 즉시에 시방 허공계에 있는 일체의 모든 부처님을 동시에 뵐 수 있게 될 것이니라. 그런 형식으로 모든 부처님까지도 분명 한꺼번에 뵐 수 있기 때문에 그 수행자는 염불삼매를 성취하게 된다고 말하는 것이니라.

그뿐만 아니라 이렇게 그 모습을 깊이 생각하는 사람들은 그분들이 때에 따라 나투시는 화현의 부처님들도 모두 다 뵐 수 있게 되는 능력을 갖추게 되느니라.

그렇게 부처님의 진신과 화신의 모습들을 한꺼번에 뵐 수 있기 때문에 바로 부처님의 마음을 보게 된다고 하는 것이며, 부처님의 마음이란 대자대비 바로 그것이어서 조건과 경우에 관계없이 일체 중생을 모두 다 그 자애로운 품안에 따뜻이 거두어 들이시는 것을 말하느니라.

作此觀者捨身他世生諸佛前得無生忍是故智者應當繫心諦觀無量壽佛觀無量壽佛者從一相好入但觀眉間白毫極令明了見眉間白毫相者八萬四千相好自然當現見無量壽佛者即見十方無量諸佛得見無量諸佛故諸佛現前授記是爲徧觀一切色身相名第九觀作是觀者名爲正觀若他觀者名爲邪觀

　이런 방식으로 아미타불의 진신을 뵙고자 하는 수행자는 이 땅에서 장수하다가 목숨이 다하면 바로 극락세계에 태어나 즉시 불생불멸의 도리를 증득하게 되느니라. 이런 까닭으로 지혜로운 자들은 응당히 산란스러운 마음을 한 곳에 모아 무량수불인 아미타 부처님을 지극히 생각하여야 할 것이니라.

　그렇게 하고자 하는 사람은 아미타불이 갖고 계시는 수많은 상호 가운데서 오직 하나의 상호만을 취해 그것을 지극히 생각해야 하는데, 끝까지 분명하게 그 하나의 상호를 생각하여 일념이 되게 하면 마침내 그분의 양 눈썹 사이에 난 흰털의 상호를 확연히 볼 수 있게 될 것이고, 그러면 자연적으로 팔만사천이나 되는 그분의 상호가 일시에 명확히 나타나게 될 것이니라.

그러므로 일단 무량수 부처님 한 분을 누구든지 분명하게 뵙기만 한다면 더불어 시방 허공계에 산재해 계시는 모든 부처님들을 동시에 모두 다 뵈올 수 있는 삼매를 획득하게 되는 것이니라. 그래서 한량없는 모든 부처님을 일시에 뵙게 되면 그 모든 부처님께로부터 직접 언제 어디서 부처가 될 것이라는 예언의 수기(授記)를 받을 수 있게 되느니라.

이것이 아홉 번째로 이 땅에서 아미타 부처님이 갖고 계시는 형상과 공덕상을 두루 생각하여 극락세계를 직관하는 방법이니라.

이런 방식으로 무량수 부처님의 진신과 화신, 그리고 특이상과 공덕상을 골똘히 생각하는 것은 올바른 방법이 되는 것이고, 그외 다른 방법으로 그분의 모든 것을 보려 한다면 그것은 잘못되고 틀린 방법이니라."
고 하셨습니다.

제10항

관음관(觀音觀) *

佛告阿難及韋提希見無量壽佛了了分明已次亦應觀觀世音菩薩此菩薩身長
八十萬億那由他由旬身紫金色頂有肉髻頂有圓光面各百千由旬其圓光中有
五百化佛如釋迦牟尼一一化佛有五百化菩薩無量諸天以爲侍者擧身光中五
道衆生一切色相皆於中現頂上毗楞伽摩尼寶以爲天冠其天冠中有一立化佛
高二十五由旬

　　부처님께서 다시 저와 위제희 부인을 부르시더니,

　　"무량수 부처님이 갖고 계시는 모든 모습을 확실하고도 분
명하게 보았다면 이제 응당히 관세음보살을 오롯이 생각해
야 하느니라.

　　관세음보살의 키는 팔십만억 나유타 유순이나 되고 몸은
황금색이며 머리 위에는 상투같이 살이 불거져 나온 육계가
있고 목 주위로는 둥근 광명이 있는데, 그 광명이 비쳐지는
거리의 세계는 동서남북으로 백천 유순이나 되느니라.

　　그 둥근 광명에는 나 석가모니 부처 같은 500분의 화신불

---

* 관세음보살을 일념으로 생각하는 방법

이 계시는데, 한 분 한 분의 화신불에는 또한 500명이나 되는 화신의 보살들과 한량없는 하늘 신들이 소속되어 있고, 전체적인 신체의 광명 속에는 중생세계에 윤회하는 지옥계와 아귀계, 축생계에 이어 인간계, 아수라계, 천상계의 일체 중생들과 그 세계에 산재하는 일체의 물상들이 모두 다 확연히 드러나고 있느니라.

그 보살은 머리 위에 비능가마니 보석으로 된 천상모자를 쓰고 있는데, 그 천상모자인 천관에는 높이가 25유순이나 되는 한 분의 아미타불 화신불이 우뚝하게 서 계시느니라.

觀世音菩薩面如閻浮檀金色眉間毫相備七寶色流出八萬四千種光明一一光明有無量無數百千化佛一一化佛無數化菩薩以爲侍者變現自在滿十方世界臂如紅蓮華色有八十億微妙光明以爲瓔珞其瓔珞中普現一切諸莊嚴事手掌作五百億雜蓮華色手十指端一一指端有八萬四千畫猶如印文一一畫有八萬四千色一一色有八萬四千光其光柔軟普照一切以此寶手接引衆生

또 관세음보살의 얼굴은 사바세계에서 가장 아름답고 희귀한 염부단금의 황금색을 띄고 있고 양 눈썹 사이에 돋아난 보석 같은 흰털은 칠보의 색깔을 갖추어 팔만사천 광채를 발하고 있느니라.

하나하나의 광채에는 한량없고 수도 없는 백천 분의 화신부처님이 계시고 한 분 한 분의 화신불에는 또 다시 무수한 화신의 보살들이 그분을 모시고 있는데, 그 보살들은 시방 허공계에 인연따라 한량없는 모습으로 변화해 다니시면서 부처님들을 공양하고 중생들을 자애롭게 보살피고 있기 때문에 흡사 메마른 대지 위에 고고하게 핀 붉은 연꽃의 아름다운 자태와 같느니라.

그러한 보살들은 모두 다 미묘롭게 팔십억이나 되는 광명이 쏟아져 나오는 영락구슬 목걸이를 걸고 있는데, 그 구슬 가운데는 일체 중생계의 모든 현상들이 모두 빠짐없이 두루 나타나느니라. 또 손바닥은 오백억 가지나 되는 연꽃 색깔을 섞어놓은 것 같은 광채를 띠고 있고, 열 개의 손가락 지문에는 제각각 팔만사천이나 되는 그림무늬를 갖고 있어서 얼핏 보면 흡사 상형문자로 새겨진 거대한 도장의 문양과 같이 보여지느니라.

그 하나하나의 문양 같은 그림에는 또 팔만사천 줄기나 되는 색깔이 뻗어져 나오는데, 하나하나의 색깔에는 또 팔만사천이나 되는 광명이 하염없이 쏟아져 나오고 있느니라.

그 보옥 같은 광명의 손으로 일체 중생들을 자비롭고 부드럽게 골고루 어루만지고 따뜻하게 감싸 안아 모두 다 극락세계에 왕생할 수 있도록 끝없는 가르침을 베푸시느니라.

擧足時足下有千輻輪相自然化成五百億光明臺下足時有金剛摩尼華布散一切莫不彌滿其餘身相衆好具足如佛無異唯頂上肉髻及無見頂相不及世尊是

爲觀觀世音菩薩眞實色身相名第十觀

　그 보살이 움직이기 위해 한 번 발을 들게 되면 발 밑에는 천 개의 바퀴살 무늬가 선명하게 나타나는데, 그 바퀴살 무늬는 자연적으로 오백억이나 되는 광명의 띠를 만들어 내고, 한 번 발을 내리면 금강마니의 꽃들이 땅바닥 전체에 가득 피어 오르므로 발바닥에 흙을 결코 묻히는 일이 없느니라.

　그리고 그 보살의 모습은 여느 부처님과 다름이 없이 서른두 가지 특이상과 팔십 가지 공덕상을 완벽하게 갖추고 있지마는 오직 머리 위에 솟아 있는 상투 모양의 육계상은 확연히 부처님과 달라 그분들의 육계상에는 미치지 못하느니라.

　보살들의 육계상은 중생들이 그 꼭대기를 바라볼 수 있지마는 부처님의 육계상은 그 누구도 그 꼭지점이 어디까지 뻗쳐 있는지 그 끝간 데를 알아볼 수 없는 것이 서로 다르느니라.

　이것이 열 번째로 관세음보살의 진실된 모습을 간절히 생각해 이 땅에서 극락세계를 직관하는 방법이니라."
고 말씀하셨습니다.

佛告阿難若欲觀觀世音菩薩者當作是觀作是觀者不遇諸禍淨除業障除無數劫生死之罪如此菩薩但聞其名獲無量福何況諦觀若有欲觀觀世音菩薩者先觀頂上肉髻次觀天冠其餘衆相亦次第觀之　悉令明了如觀掌中作是觀者名爲正觀若他觀者名爲邪觀

부처님께서 다시 저를 부르시더니,

"아난이여, 만약에 누구든지 관세음보살을 만나고 싶으면 이러한 방식으로 그 보살을 친견하도록 하여라. 이런 방법으로 그 보살을 그윽히 생각하는 사람들은 이 세상에서 모든 재앙을 만나지 않고 무수한 세월 동안 지어온 생사의 업장들이 녹아져서 그 마음이 더없이 깨끗하여질 것이니라.

정말로 이 관세음보살에게는 굉장한 위신력이 있기 때문에 누구든 그 이름만 들어도 한량없는 복덕을 얻을 수 있는 것인데, 하물며 그 보살을 이와 같이 그윽하게 생각하는 사람이야 다시 뭐 말할 것이 또 있겠는가.

그러므로 누구든지 관세음보살을 지극히 생각하려 하는 사람은 우선적으로 먼저 그 보살의 머리 위에 솟아 있는 상투 모양의 육계상을 조용히 떠올려야 할 것이니라. 그리고 다음으로는 그 보살이 쓰고 있는 천상의 모자를 생각해야 하고, 그 나머지 상세한 모습들은 이에 준해서 차례대로 하나하나 그윽히 생각해서 모두 다 분명하고 확실하기를 마치 손바닥을 들여다 보는 것처럼 해야 할 것이니라.

어떤 중생이든 간에 이런 형식으로 극락세계에 있는 관세음보살을 보려 한다면 그것은 올바른 방법이 되겠지마는 그 외에 여타의 방법으로 관세음보살을 친견하려 한다면 모두 다 잘못된 방법이고 틀린 방법이니라."
고 말씀하셨습니다.

제11항

세지관(勢至觀)*

次觀大勢至菩薩此菩薩身量大小亦如觀世音圓光面各百二十五由旬照二百
五十由旬擧身光明照十方國作紫金色有緣衆生皆悉得見但見此菩薩一毛孔
光卽見十方無量諸佛淨妙光明是故號此菩薩名無邊光以智慧光普照一切令
離三途得無上力是故號此菩薩名大勢至

또 부처님께서,

"다음으로는 대세지보살을 마음 속으로 오롯이 생각하여
야 하느니라. 이 보살의 신장과 체격은 앞에서 말한 관세음
보살과 같느니라. 이 대세지보살이 뿜어내는 얼굴 둘레의 광
명은 사방으로 일백이십오 유순이나 되는 세계에 퍼지고 상
하로는 이백오십 유순이나 되는 세계를 비추느니라.

그리고 온 몸에서 발산하는 광명은 전 시방 허공계를 붉은
금색으로 두루 비추기 때문에 누구든 그 보살과 인연을 맺게
되면 언제 어디서든 모두 다 그 보살을 친견할 수가 있게 되
느니라.

---

* 대세지보살을 일념으로 생각하는 방법

특히 기묘한 일은 누구든지 이 보살이 갖고 있는 수억만 개의 털구멍 중에서 발산되는 한 줄기의 광명만 보아도 즉시에 시방 허공계에 가득한 일체의 청정한 모든 부처님 세계와 그 세계에 계시면서 뿜어내는 오묘한 부처님의 광명들까지도 한꺼번에 모두 다 볼 수 있게 된다는 것이니라.

그만큼 이 대세지보살은 거룩하고 대단한 위신력의 광명을 갖고 있기 때문에 끝없는 광명의 보살이라는 뜻으로 무변광보살이라고도 하느니라.

그 끝없는 광명은 바로 지혜의 광명이기 때문에 일체 중생 세계를 고루 비추어서 모든 중생들로 하여금 지옥이나 아귀, 그리고 축생의 세계를 벗어나도록 하고 나아가 위없는 지혜를 얻도록 도와주기 때문에 그 보살의 이름을 대세지보살이라고 하는 것이니라.

此菩薩天冠有五百寶華 一 寶華有五百寶臺 一 臺中十方諸佛淨妙國土廣長之相皆於中現頂上肉髻如鉢頭摩華於肉髻上有一寶瓶盛諸光明普現佛事餘諸身相如觀世音等無有異此菩薩行時十方世界一切震動當地動處有五百億寶華 一 寶華莊嚴高顯如極樂世界

이 보살도 천상의 모자를 쓰고 있는데, 그 천관에는 500종류나 되는 보석꽃들이 장식되어 있고 하나하나의 보석꽃마다 또 500가지나 되는 보석의 꽃받침이 있느니라. 그 하나하나의 꽃받침마다 전 허공계에 산재해 있는 청정하고 미묘한 모든 부처님 국토의 광대한 모습이 빠짐없이 그대로 다 드러나고 있느니라.

머리 위에 솟아 있는 상투 모양의 육계상에는 보석으로 만들어진 한 개의 병이 있는데, 그 병에는 일체의 광명이 가득하여 전 허공계의 부처님 국토에서 일어나는 모든 불사의 일들을 세밀하게 고루 투영하고 있느니라. 그 외의 신체적인 모든 것은 앞에서 말한 관세음보살과 비슷해서 특별히 더 언급하지 않겠느니라.

이 보살이 한 번 움직일 때는 우주계에 있는 모든 현상들이 크게 진동하는데, 그 땅들이 진동하는 곳마다 500억이나 되는 보석꽃들이 일시에 피어나느니라. 그 꽃들은 제각기 빼어나게 아름다워 마치 극락세계에 가득 피어 있는 연꽃과 같이 보여지느니라.

此菩薩坐時七寶國土一時動搖從下方金光佛刹乃至上方光明王佛刹於其中間無量塵數分身無量壽佛分身觀世音大勢至皆悉雲集極樂國土晃塞空中坐蓮華座演說妙法度苦衆生作此觀者名爲觀見大勢至菩薩是爲觀大勢至色身相觀此菩薩者名第十一觀除無數劫阿僧祈生死之罪作是觀者不處胞胎常遊諸佛淨妙國土此觀成已名爲具足觀觀世音大勢至

또 이 보살이 한번 앉을 때에는 칠보로 된 국토가 일시에 요동하는데, 그 범위는 밑으로 금광 부처님이 계시는 곳으로부터 위로 광명왕 부처님이 계시는 세계에까지 뻗치므로 지축이 크게 흔들리게 되느니라.

그러면 먼지 가루만큼이나 한량없이 많고 많은 무량수 부처님의 분신과 관세음보살의 분신과 또 대세지보살의 분신들이 이러한 요동을 느끼고는 모두 다 극락세계에 구름처럼 모여 들어서 허공중 가운데에 있는 연꽃 좌대에 조금만큼의 빈틈도 없이 모두 다 빽빽하게 여법히 앉아 미묘한 진리의 법을 설해서 고통에 허덕이는 중생들을 제도하시게 되느니라.

이러한 방식으로 잡념없이 대세지보살을 깊이 생각하는 것을 이름하여 대세지보살을 직관해 보는 방법이라고 하며, 또는 대세지보살의 모습인 육신을 직관해 보는 방법이라고 하느니라.

이것이 열한 번째로 이 땅에서 대세지보살을 지극하게 생각해 그 보살을 직접 보게 되는 방법이니라.

누구든지 이 사바세계에서 이러한 방법을 써서 그 보살을 직접 보는 사람은 무수한 세월, 즉 아승지의 한량없는 세월 동안 나고 죽으면서 지어온 온갖 죄업들을 모두 다 벗어버리게 될 것이니라.

또한 이런 방식으로 그 보살을 보려고 노력하는 수행자들은 이제 두 번 다시 윤회의 시발이라고 할 수 있는 어미의 자궁에 들어가지 않고 언제나 유유자적하게 청정하고도 오

묘하기 그지없는 모든 부처님 국토들을 자유로이 노니게 될
것이니라.
　그러므로 어떤 중생이든지 간에 이러한 생각이 일념으로
이루어지게 되면 이제야 관세음보살과 대세지보살을 완벽하
게 직관하고 있다고 말할 수 있느니라."
고 말씀하셨습니다.

제12항

보관(普觀)*

見此事時當起自心生於西方極樂世界於蓮華中結跏趺坐作蓮華合想作蓮華
開想蓮華開時有五百色光來照身想眼目開想見佛菩薩滿虛空中水鳥樹林及
與諸佛所出音聲皆演妙法與十二部經合若出定之時憶持不失見此事已名見
無量壽佛極樂世界是爲普觀想名第十二觀無量壽佛化身無數與觀世音及大
勢至常來至此行人之所

부처님께서 또 말씀하시기를,

"관세음보살과 대세지보살을 직관하고 난 뒤에는 이제 외형의 다른 모습을 생각하는 것으로부터 벗어나 자기가 직접 그 세계에 가 태어나는 생각을 응당히 일으켜야 할 것이니라.

즉 서방극락세계의 연꽃 가운데에 자기 스스로가 직접 태어나 부처님처럼 결가부좌를 하고 앉아 있는 모습을 그윽히 생각해야 할 것이니라.

이 중생세계에서는 어미가 자식을 낳지마는 극락세계에는 연꽃이 자신을 품었다가 출생할 때가 되면 그 연꽃이 자연스

---

* 아미타불과 관세음보살, 대세지보살을 한꺼번에 일념으로 생각하는 방법

럽게 열리게 되므로 그것을 그윽히 생각해야 하느니라.

그 연꽃이 열리게 될 때에는 오백 가지나 되는 연빛의 광명이 발산되어 자신의 몸을 깨끗하게 씻고 다듬어 주느니라. 그리고 그 광명에 의해 감고 있던 눈동자가 맑게 열리는 것을 오롯히 생각하여야 되느니라. 그러면 아미타 부처님과 관세음보살, 대세지보살을 비롯해 수많은 보살들이 허공 가운데에 계시는 것을 볼 수 있게 될 것이며, 공덕의 물이 흐르는 소리와 아름다운 새들의 지저귐 소리, 보석으로 만들어진 나무들의 산들거림이 모두 다 오묘한 진리의 설법이라는 것을 알게 될 것이니라.

또 모든 부처님들께서 잔잔한 음성으로 불법을 연설하시는 소리를 듣게 될 터인데, 그 법문들은 내가 여기서 설법하고 있는 일체의 경전과 완벽하게 같다는 것을 알게 될 것이니라. 그 법문의 말씀들을 직접 듣고 나서는 평상의 보통 삶을 살고 있으면서도 언제나 마음에 오롯이 기억하고 그것들을 결코 잊지 말아야 할 것이니라. 이런 일을 접하게 되면 이제야 무량수 부처님이 계시는 극락세계를 일부분이나마 얼핏 보았다고 말할 수 있느니라. 이것이 열두 번째로 이 땅에서 극락세계를 전체적으로 볼 수 있는 방법이니라.

누구든 만약 이런 수행법을 닦으면 한량없는 무량수 부처님의 화신과 관세음보살과 대세지보살이 언제나 항상 이 수행자가 머무는 곳에 오셔서 더불어 같이 계시게 될 것이니라."
고 하셨습니다.

제13항

잡상관 (雜想觀) *

佛告阿難及韋提希若欲至心生西方者先當觀於一丈六像在池水上如先所說
無量壽佛身量無邊非是凡夫心力所及然彼如來宿願力故有憶想者必得成就
但想佛像得無量福况復觀佛具足身相阿彌陀佛神通如意於十方國變現自在

부처님께서 다시 저와 위제희 부인을 부르시더니,

"만약 지극한 마음으로 극락세계에 태어나기를 원하는 사
람들은 우선 응당히 16척이나 되는 아미타 부처님의 형상이
연못 위에 거룩하게 계시는 모습을 조용히 생각해야 할 것이
니라.

그 부처님의 형상은 앞에서 말한 것과 같이 거대하기가 끝
이 없어서 범부의 안목과 지견으로는 결코 그분의 전체적인
모습을 가늠할 수가 없느니라.

그러나 아미타 부처님께서는 숙세의 본원력 때문에 누구
든지 지극정성으로 그분을 뵙고자 염불하는 자에게는 그 사
람의 근기에 맞는 적합한 형상으로 나타나 주시느니라.

---

* 극락세계의 여러 가지를 일념으로 생각하는 방법

그렇기 때문에 다만 그 부처님의 작은 형상만을 오롯이 생각하여도 한량없는 복덕을 얻게 되는데, 하물며 그 부처님이 완벽하게 구비하신 공덕과 지혜에 이어 그 모습을 전체적으로 모두 다 깊이 생각하는 사람이야 어디 더 말할 게 있겠는가.

그처럼 아미타 부처님은 신통과 위신력이 임의대로 자유자재하시기 때문에 시방 허공계에 흩어져 있는 수많은 중생 세계의 중생들을 위하여 그들의 수준에 맞게 장애없이 마음대로 그 모습을 변화해 나타내시느니라.

或現大身滿虛空中或現小身丈六八尺所現之形皆眞金色圓光化佛及寶蓮華
如上所說觀世音菩薩及大勢至於一切處身同衆生但觀首相知是觀世音知是
大勢至此二菩薩助阿彌陀佛普化一切是爲雜想觀名第十三觀

그러므로 어떤 때는 큰 몸을 나투어 허공에 가득 채우기도 하고, 어떤 때는 16척의 작은 몸을 나투어 왜소한 모습으로 나타나시기도 하시느니라.

그러나 크고 작은 모습으로 나타나는 차이는 있을지언정 그분의 몸 색깔은 언제나 황금색을 띠고 있다는 것은 결코 잊지 말아야 할 것이니라. 그 외에 그분이 내뿜고 있는 둥근 광명과 그분을 떠받들고 그분을 장엄하는 보석의 연꽃 같은 것들은 앞에서 말한 것과 같으니 그대로 참고하면 될 것이니라.

그 아미타 부처님을 도와 중생 모두를 극락세계로 인도하고자 서원을 일으킨 관세음보살과 대세지보살도 전 중생계에 아무러한 장애없이 화현으로 나타나는데, 중생들은 다만 그 보살들이 쓰고 있는 천관의 모자 형태로 이분은 관세음보살이고 이분은 대세지보살이라는 것을 알게 될 것이니라.

그 두 보살들은 아미타불의 원력을 도와 일체 중생 모두를 괴로움의 고통에서 건져내어 영원한 생명과 다함없는 안락을 베풀어 주고자 하는 분들이니라.

이것이 열세 번째로 이 땅에서 극락세계에 계시는 아미타불과 관세음보살, 대세지보살을 한꺼번에 생각하여 그분들을 직접 친견하는 방법이니라."

고 말씀하셨습니다.

제14항

상배관(上輩觀)*

佛告阿難及韋提希上品上生者若有衆生願生彼國者發三種心卽便往生何等
爲三一者至誠心二者深心三者廻向發願心具三心者必生彼國

　부처님께서 또 저와 위제희 부인을 부르시더니,
　"극락세계에 태어나는 중생들을 등급으로 나누면 크게 아
홉 등급이 있느니라. 세부적으로 나누자면 상품(上品)에 다시
상생(上生)·중생(中生)·하생(下生)이 있고, 중품(中品)에 다시
상생(上生)·중생(中生)·하생(下生)이 있으며 하품(下品)에 또
상생(上生)·중생(中生)·하생(下生)이 있느니라. 그 중에서 먼
저 상품상생(上品上生)하는 자에 대해서 말하겠느니라. 어떤
중생이든지 간에 저 극락세계에 지극한 마음으로 태어나고
자 발원하는 자들은 먼저 다음의 세 가지 마음을 반드시 일
으켜야 하느니라.
　어떤 것들이 세 가지 마음이냐 하면,
　첫째는 지성스러운 마음을 말하느니라.

------

* 상근기 중생들이 극락세계에 태어나는 것을 생각하는 방법

둘째는 깊은 믿음을 말하는 것이며,

셋째는, 자기가 이 세상에서 지어온 모든 공덕을 일체 중생들에게 아낌없이 되돌려 주어 박복한 중생들이 그것을 나누어 갖고 자기와 함께 극락세계에 태어나기를 간절히 바라는 회향발원심을 말하는 것이니라. 이 세 가지 공덕이 완전하게 갖추어지면 반드시 저 극락세계에 상품상생으로 왕생할 수가 있게 되느니라.

復有三種衆生當得往生何等爲三一者慈心不殺具諸戒行二者讀誦大乘方等經典三者修行六念廻向發願願生彼國具此功德 一日乃至七日卽得往生生彼國時此人精進勇猛故阿彌陀如來與觀世音大勢至無數化佛百千比丘聲聞大衆無量諸天七寶宮殿

또 다른 세 부류의 중생들도 이와 같이 저 극락세계에 틀림없이 상품상생할 수 있는데, 그들은 다음과 같은 세 가지의 수행을 해야 하느니라.

무엇이 세 가지의 수행이냐 하면,

첫째는, 자비한 마음을 갖고 중생을 상하게 하거나 죽이지 아니하면서 자기 신분에 알맞는 계율을 받아 목숨이 다할 때까지 완벽하게 그것을 지키는 것이며,

두 번째는, 온 우주의 법 가운데서 가장 올바르고 가장 평등한 대승경전을 조금도 쉬지 않고 부지런히 독경하거나 암

송하는 것이며,

세 번째는, 여섯 가지 생각을 우선 깊이 가져야 하느니라. 어떤 것들이 여섯 가지가 되느냐 하면,

첫째는, 부처님께는 열 가지 성스러운 존칭어가 있는 것처럼 한량없는 공덕과 다함없는 지혜를 두루 갖추시고 대자대비와 신통위의의 방편으로 중생들의 온갖 고통을 말끔히 없애 주시므로 나도 그분들처럼 부처가 되어 일체 중생을 제도해야 되겠다는 염원을 말하느니라.

둘째는, 부처님께서 설하신 일체의 진리법은 그 자체에 큰 공덕이 있어서 고통받고 있는 중생들에게 더할 수 없는 명약이 되므로 나도 부처님들처럼 이것을 하루빨리 증득하여 중생들에게 베풀어 주어야 되겠다는 염원을 말하는 것이며,

셋째는, 불교 수행자는 바로 부처님의 제자들이어서 그들은 언제 어디서나 하염없이 계율과 선정, 그리고 지혜를 닦아 박복하게 살아가는 세간 중생들의 복전이 되어 주고 있으므로 나도 그들과 같이 청정한 수행을 하여 중생들의 복전이 되어야 되겠다고 염원하는 것을 말하는 것이며,

넷째는, 계율을 지키게 되면 상상할 수 없는 큰 힘을 얻을 수가 있어서 중생들을 악업에서 선업으로 모두 다 이끌어낼 수 있으니 나도 부지런히 정진하면서 계율을 끝까지 지켜야 되겠다는 염원을 말하느니라.

다섯째는, 남에게 조건없이 베풀어 주는 보시의 행은 큰 공덕을 갖추고 있어서 중생들의 탐욕과 그에 의해 일어나는

일체의 재난을 없애주므로 나도 보시를 열심히 행하여 중생 모두를 안락하게 해 주어야 되겠다는 염원을 말하며,

여섯째는, 하늘사람들이 현재 한없는 즐거움을 받고 있는 이유는 전생에 그만큼의 공덕을 여기서 힘들게 닦아 놓은 결과이기 때문에 나도 선근(善根)을 심고 공덕을 쌓아 후일 반드시 이보다 더 좋은 세계에 태어나고자 염원하는 것을 말하느니라.

이 여섯 가지의 마음을 깊이 가지고 자기가 닦아온 일체의 공덕을 중생들에게 아낌없이 모두 다 되돌려 주기를 발원하고 저 극락세계에 간절히 왕생하고자 하는 자들은 모두 다 상품상생으로 태어날 수 있는 자격을 갖추게 되느니라.

이러한 공덕을 하루에서 칠 일에 걸쳐 열심히 구비해 나아가면 바로 극락세계에 왕생할 수 있는데, 그 사람이 그 세계에 태어나게 될 때는 그러한 수행을 용맹스럽게 하였기 때문에 아미타 부처님께서 관세음보살과 대세지보살과 또 한량없는 화신의 부처님과 백천 명의 남자스님들과 수많은 그분의 제자들과 또 한량없는 모든 천인들과 더불어 칠보로 된 궁전을 이끄시고 그 앞에 나타나시느니라.

觀世音菩薩執金剛臺與大勢至菩薩至行者前阿彌陀佛放大光明照行者身與諸菩薩授手迎接觀世音大勢至與無數菩薩讚歎行者勸進其心行者見已歡喜踊躍自見其身乘金剛臺隨從佛後如彈指頃往生彼國生彼國已見佛色身衆相

具足見諸菩薩色相具足光明寶林演說妙法聞已卽悟無生法忍經須臾間歷事
諸佛偏十方界於諸佛前次第受記還至本國得無量百千陀羅尼門是名上品上
生者

그 수많은 대중 가운데서 금강대를 손에 잡은 관세음보살
이 대세지보살과 함께 그 수행자 앞에 나타나시면 아미타 부
처님이 그를 영접하시기 위해 큰 광명을 놓아 그 수행자를
비추시면서 모든 보살들과 같이 손을 내미시느니라.

그때 관세음보살과 대세지보살은 한량없는 동료들과 함께
그 수행자를 찬탄하고 앞으로도 계속하여 더욱 더 열심히 정
진해 나아가도록 격려해 줄 것이니라.

수행자가 그 보살을 보고 그 격려를 듣게 되면 뛸듯이 기
뻐하게 되느니라. 그때 이미 그 자신은 벌써 관세음보살이
갖고 온 금강대를 타고 부처님의 뒤를 따라 극락세계로 가고
있는 것을 직접 느끼게 될 것인데, 그 속도가 얼마나 빠른지
마치 손가락 끝을 가볍게 한 번 튕기는 속도만큼 빠르게 그
세계로 왕생하는 것을 알게 될 것이니라.

극락세계에 일단 태어나게 되면 32상과 80종호를 두루 갖
추신 진불의 거룩한 아미타 부처님을 뵐 수 있을 뿐만 아니
라 동시에 더 없이 아름답고 더 없이 자애로우신 모든 보살
들을 동시에 모두 다 직접 친견할 수 있게 되느니라.

그리고 그 세계에서 내뿜는 일체의 광명을 입게 되고 보석
나무들이 설하는 묘법을 모두 다 듣게 되는데, 그러면 바로

112

불생불멸의 도리를 증득해 무생법인의 지위에 즉각 뛰어 오르게 될 것이니라. 그뿐만 아니라 아주 짧은 시간 동안에 시방 허공계를 자유로이 날아다니면서 한량없이 계시는 모든 부처님들을 손수 찾아뵙고 직접 공양 올리며 그분들의 설법을 자연히 듣게 될 수 있느니라.

그러면 그 부처님들은 차례대로 한결같이 그대는 언제 어디서 누구라는 이름으로 부처가 될 것이라는 예언의 수기를 내려주실 것이니라. 그 확약을 받고 극락세계로 돌아오면 무량한 백천 다라니의 비밀스런 뜻을 증득하게 되는데, 이러한 상황들을 하나도 빠뜨림없이 그대로 그윽히 생각해야 하느니라. 이것이 바로 극락세계에 상품(上品)으로 상생(上生)하는 자들의 삶이니라.

上品中生者不必受持讀誦方等經典善解義趣於第一義心不驚動深信因果不謗大乘以此功德廻向願求生極樂國行此行者命欲終時阿彌陀佛與觀世音大勢至無量大衆眷屬圍繞持紫金臺至行者前讚言法子汝行大乘解第一義是故我今來迎接汝與千化佛一時授手行者自見坐紫金臺合掌叉手讚歎諸佛如一念頃卽生彼國七寶池中

이제 상품(上品) 가운데에 중생(中生)으로 왕생하는 자들에 대해 설명해 주겠느니라.

상품중생(上品中生)하는 자들은 꼭 올바르고 평등한 대승의 경전들을 받아 지니고 부지런히 독경하거나 암송하지는 못하더라도 그 심오한 뜻을 잘 이해하고 최고의 진리를 접함에 있어서 놀라거나 동요하는 마음을 가지지 않고 깊이 인과의 법칙을 믿으며 대승의 가르침을 비방하지 않는 그런 자들이 이 등급에 해당되느니라.

이러한 공덕을 중생들에게 회향하고 지성으로 극락세계에 가 태어나기를 간절히 원한다면 목숨이 다하는 때에 아미타 부처님께서 손에 붉은 금강대를 들고 관세음보살과 대세지 보살 그리고 한량없이 많은 대중들과 그 권속들에 둘러싸인 모습으로 그 수행자 앞에 나타나실 것이니라.

그리고는 그 수행자에게,

'불법의 아들이여, 그대는 대승의 법을 수행하여 가장 수승한 진리를 이해하였도다. 이런 까닭으로 내가 이제 그대를 영접하러 온 것이니라.'

고 찬탄하시면서 일천의 화현부처님과 함께 그 수행자의 손을 잡아 이끌어 주시느니라.

그때 그 수행자는 자기가 이미 아미타 부처님께서 들고 계시는 붉은 금대에 올라 앉아 있는 것을 보게 될 것이니라.

그러면 너무나 감격해서 손가락을 겹쳐 지극한 마음으로 합장하고 모든 부처님들의 고마움을 지성으로 찬탄하게 되는데, 그 시간에 그는 벌써 극락세계에 있는 칠보 연못 가운데에 놓여 있는 붉은 금강대로 들어가 그곳에서의 출생을 준비하게 되느니라.

此紫金臺如大寶華經宿則開行者身作紫磨金色足下亦有七寶蓮華佛及菩薩
俱時放光照行者身目卽開明因前宿習普聞衆聲純說甚深第一義諦卽下金臺
禮佛合掌讚歎世尊經於七日應時卽於阿耨多羅三藐三菩提得不退轉應時卽
能飛行徧至十方歷事諸佛於諸佛所修諸三昧經一小劫得無生忍現前受記是
名上品中生者

   그 붉은 금강대는 흡사 거대한 보석 연꽃과도 같이 생겼는
데, 그 속에 들어가 하루를 보내면 그것이 활짝 피게 되느니
라. 그때 그 수행자는 자기의 육신이 벌써 황금색으로 되어
있는 것을 보게 될 것이며, 또 자기의 발 아래에는 칠보로
된 연꽃이 그를 떠받들고 있는 것을 알게 될 것이니라.

   그때가 되면 아미타 부처님과 수많은 보살들이 동시에 광
명을 쏟아내어 그 수행자의 몸을 장엄시키시는데, 그 눈부신
광명에 의해 눈을 뜨게 되면 곧 주위의 모든 것들이 그대로
밝게 보여지느니라.

   그러면 전생에 사바세계에서 한량없이 닦아온 공덕의 힘
때문에 그곳에서 들려오는 온갖 소리들이 대승의 깊고 깊은
최고의 진리만을 순수무잡하게 설하고 있다는 사실을 바로
알아 듣게 될 것이니라.

   그때 그 수행자는 금강대로부터 내려와 부처님께 합장하
고 예배를 드리면서 아미타 부처님의 공덕과 위신력을 끝없
이 찬탄하게 되느니라. 그렇게 일주일을 지내고 나면 최고의
깨달음인 아누다라삼먁삼보디에서 불퇴전의 지위를 반드시

증득하게 될 것이니라. 그때가 되면 곧바로 시방 허공계를 자유롭게 날아다닐 수 있는 신통력이 갖추어지게 되는데, 그러면 그 세계마다 계시는 부처님들을 마음대로 찾아뵙고 직접 공경할 수가 있게 되느니라.

그리고는 그 부처님들이 계시는 곳에서 일 소겁 동안 일체의 모든 삼매를 닦아 나아가면 결국 나고 죽음이 없는 무생법인을 증득하게 되어 드디어 그 부처님들께로부터 언제 어느 곳에서 부처가 될 수 있을 것이라는 예언의 수기를 받을 수가 있게 되느니라. 이것이 바로 극락세계에 상품(上品)으로 중생(中生)하는 자들의 삶인 것이니라.

上品下生者亦信因果不謗大乘但發無上道心以此功德廻向願求生極樂國行者命欲終時阿彌陀佛及觀世音大勢至與諸菩薩持金蓮華化作五百佛來迎此人五百化佛 一時授手讚言法子汝今淸淨發無上道心我來迎汝

다음으로는 극락세계에 상품(上品)으로 하생(下生)하는 중생들에 대해서 설명하겠느니라.

상품하생(上品下生)하는 자들은 인과의 도리를 철저히 믿고 대승의 법을 비방하지 않는 상태로 반드시 위없는 깨달음을 증득하고야 말겠다는 서원을 굳세게 일으킨 자들이 여기에 해당되느니라.

자기가 이 땅에서 쌓아온 온갖 공덕을 중생들에게 아낌없이 나누어 주고 지극한 마음으로 저 극락세계에 태어나기를 간절히 바랐을 때, 그 수행자가 목숨이 다해 죽을 때가 되면 아미타 부처님과 관세음보살, 대세지보살이 모든 보살들과 더불어 황금으로 된 연꽃을 들고 오시느니라.

또 500분이나 되는 화신의 부처님들이 이 사람을 영접하러 오시는데, 그 화신의 부처님들은 일시에 그 수행자에게 손을 내밀면서 찬탄하시기를,

'불법의 아들이여, 그대는 청정한 마음으로 위없는 깨달음을 증득하고자 발원하였기 때문에 우리가 와서 그대를 데려가고자 하는 것이니라.'

고 하시는 것을 듣게 될 것이니라.

見此事時卽自見身坐金蓮華坐已華合隨世尊後卽得往生七寶池中一日一夜蓮華乃開七日之中乃得見佛雖見佛身於衆相好心不明了於三七日後乃了了見聞衆音聲皆演妙法遊歷十方供養諸佛於諸佛前聞甚深法經三小劫得百法明門住歡喜地是名上品下生者是名上輩生想名第十四觀

이러한 일이 있게 되면 곧 자신이 황금의 연꽃에 앉아 있는 것을 보게 되는데, 일단 그곳에 앉게 되면 그 연꽃은 곧 오므라들어 아미타 부처님의 뒤를 따라 극락세계에 있는 황금의 연꽃 연못 가운데로 가 거기에 왕생하게 되느니라.

그 곳에서 하루 밤낮을 보내고 나면 연꽃이 다시 피어나게

되어 칠 일 동안 아미타 부처님을 뵐 수 있게 되는데, 사실 뵙는다고는 하지만 아직도 그 부처님의 서른두 가지 특이상과 80가지의 모든 공덕상을 보기에는 아직도 마음의 눈이 완전하게 열려지지 않는 상태여서 그분을 사실 그대로 명확하게 바라볼 수는 없느니라.

그러나 21일이 지나고 나면 비로소 확연하게 그 부처님을 뵈올 수 있게 되고, 또 그곳에서 일어나는 모든 소리들이 모두 다 진리의 법문을 연설하고 있다는 것을 알아 들을 수가 있게 될 것이니라.

그러면 마음대로 시방의 모든 부처님 세계를 두루 날아다니면서 수많은 부처님을 공양하고 또 그 부처님께로부터 깊고 미묘한 법문을 직접 들을 수 있게 되느니라.

이와 같이 수행하여 3소겁이 지나면 온갖 법을 밝게 통달할 수 있는 지혜의 문(門)인 백법명문(百法明門)을 증득하게 되어 곧 바로 10지보살의 지위인 환희지에 뛰어 오르게 되느니라.

이것이 바로 극락세계에 상품(上品)으로 하생(下生)하는 중생들의 삶인 것이며, 열네 번째로 이 땅에서 상근기의 무리들이 극락세계에 태어나는 모습을 오롯하게 깊이 생각하는 방법이니라."
고 하셨습니다.

제15항

중배관(中輩觀)*

佛告阿難及韋提希中品上生者若有衆生受持五戒持八戒齋修行諸戒不造五
逆無衆過患以此善根廻向願求生於西方極樂世界臨命終時阿彌陀佛與諸比
丘眷屬圍繞放金色光至其人所演說苦空無常無我讚歎出家得離衆苦

　　부처님께서 또 저와 위제희 부인을 부르시더니,
　　"이제 극락세계에 중품(中品)으로 상생(上生)하는 자들에
대해 설명해 주겠느니라.
　　중품상생(中品上生)하는 자들로 말할 것 같으면 어떤 중생
이든지 간에 5계와 8계를 받아지니고 모든 계행을 닦아 나아
가되 다섯 가지 극악의 중죄를 비롯해 그에 수반되는 일체의
잘못된 죄업을 짓지 않고서 극락세계에 태어나고자 지성으
로 발원하는 자들이 여기에 해당되느니라. 이렇게 무서운 죄
업들을 짓지 않고 온갖 선업을 힘써 닦아서 그 쌓아진 공덕
을 일체 중생들에게 되돌려 주고 저 서방에 있는 극락세계에
태어나기를 간절히 염원하면 목숨이 다하려 할 때에 아미타

---

* 중근기 중생들이 극락세계에 태어나는 것을 생각하는 방법

부처님이 모든 수행자들과 그분의 권속들에 둘러 싸인 모습
으로 황금색의 광명을 내뿜으며 그 사람이 있는 곳으로 직접
다가오실 것이니라.

그리고는,

'마음을 깨닫지 못하고 괴로움에 허덕이면 그것이 바로 고
통[苦]인 것이지만 그 고통의 본질은 공(空)한 것이며, 세상
의 모든 현상은 무상한 것[無常]이어서 나[我]라는 것이 본래
없는 것[無我]이다.'
라고 하시는 설법을 듣게 될 것이니라.

또 어리석은 마음 때문에 수많은 죄를 짓고 그 결과로 한
없는 고통을 받아야만 하는 이 중생세계의 모든 고통을 영원
히 벗어나기 위해 최고의 깨달음을 구하여야 되겠다는 서원
으로 출가한 그 용기를 한껏 찬탄해 주실 것이니라.

行者見已心大歡喜自見已身坐蓮華臺長跪合掌爲佛作禮未擧頭頃卽得往生
極樂世界蓮華尋開當華敷時聞衆音聲讚歎四諦應時卽得阿羅漢道三明六通
具八解脫是名中品上生者

수행자가 아미타 부처님께 이런 칭찬을 받고 더없이 기쁜
마음으로 자신을 살펴 보면 벌써 그 자신이 연화대에 앉아
있는 것을 보게 될 것이니라.

그러면 크나큰 부처님의 은덕에 깊이 감격되어 바로 허리

를 편 상태로 끓어앉아 그분께 지성으로 예배를 드리기 위해 큰 절을 올리는데, 그 절하는 머리를 미처 들기도 전에 벌써 서방 극락세계에 왕생하여 그를 덮어싸고 있던 연꽃이 드디어 서서히 피어나기 시작하느니라. 그 연꽃이 마침내 활짝 피게 되면 그 세계에서 들려오는 모든 소리들이,

'중생들의 삶은 고통〔苦〕의 연속이다. 그 이유는 탐업으로 집착〔集〕하기 때문이다. 고통을 없애고 영원한 안락〔滅〕을 원한다면 여덟 가지 바른 길〔道〕을 택해 부지런히 수행해야 할 것이니라.'
고 하신 부처님의 말씀을 끝없이 찬탄하고 있는 것을 듣게 될 것이니라.

그 설법을 듣고 용맹스럽게 정진해 나아가면 마침내 아라한의 세계에서 얻어지는 세 가지 신통과 보살의 세계에서 얻어지는 여섯 가지 신통을 모두 얻게 되고 이어서 부처님만이 갖고 계시는 여덟 가지 해탈도 결국에는 모두 증득하게 될 것이니라.

이것이 바로 저 극락세계에 중품(中品)으로 상생(上生)하는 자들의 삶인 것이니라.

中品中生者若有衆生若一日一夜持八戒齋若一日一夜持沙彌戒若一日一夜持具足戒威儀無缺以此功德廻向願求生極樂國戒香熏修如此行者命欲終時見阿彌陀佛與諸眷屬放金色光持七寶蓮華至行者前

다음으로는 극락세계에 중품(中品)의 중생(中生)으로 태어나는 자들에 대해 말해 주겠느니라.

중품중생(中品中生)하는 자들에 대해 말할 것 같으면, 만약에 어떤 중생이든지 간에 가정을 가지고 살면서 지켜야 되는 8계를 하루 밤낮 동안 지키거나, 또는 출가해서 예비승려인 사미의 신분으로 5계를 하루 밤낮 동안 지키거나, 혹은 완전한 남자승려가 되어 250계를 하루 동안 지키거나 또는 여자 스님이 되어 348계를 하루 동안 지키되 그 법도에 한치도 어긋남이 없는 자세로 자기가 수지한 모든 계율을 절대로 깨뜨리지 않고 확고하게 지켜서 그 공덕으로 극락세계에 지성으로 왕생하고자 하는 자들을 말하느니라.

이렇게 계율을 지킴으로 해서 자기가 쌓아온 일체의 공덕을 중생들에게 되돌려 주고 극락세계에 간절히 태어나고자 발원하는 자들이 모두 여기에 해당되느니라.

계율의 향기가 몸에 완전히 배게 된 이와 같은 수행자들이 목숨을 마칠 때가 되면 아미타 부처님께서 모든 권속들과 더불어 황금색의 광명을 놓으시며 칠보연화를 갖고 그 수행자 앞에 나타나시는 것을 보게 될 것이니라.

行者自聞空中有聲讚言善男子如汝善人隨順三世諸佛敎故我來迎汝行者自
見坐蓮華上蓮華卽合生於西方極樂世界在寶池中經於七日蓮華乃敷華旣敷
已開目合掌讚歎世尊聞法歡喜得須陀洹經半劫已成阿羅漢是名中品中生者

그때 수행자는 허공 중에서 들려오는 부처님의 찬탄소리를 자연스럽게 듣게 되는데 그 말씀은,

'선남자여, 그대는 정말 착한 수행자이니라. 왜냐하면 과거·현재·미래의 모든 부처님께서 제정하신 계율을 엄격히 잘 따라 지켜 왔기 때문이니라. 그래서 내가 친히 그대를 극락세계에 데려가기 위해서 이렇게 온 것이니라.'
고 하실 것이니라.

그 찬탄의 말씀을 듣고 수행자가 자기 몸을 살펴 보면 그는 벌써 연꽃 위에 앉아 있는 것을 보게 되느니라. 그러면 연꽃이 즉시에 오므라드는데, 그 상태로 저 서방정토 극락세계에 있는 보석 연못에 바로 태어나게 되느니라.

그곳에서 7일이 지나게 되면 그 연꽃이 서서히 피기 시작하는데, 완전히 피어나게 되면 눈이 맑아져서 그 세계에 있는 모든 사물들을 분명하게 다 볼 수 있게 되느니라. 그때 수행자는 크게 감격해서 공손스럽게 합장하고 아미타 부처님의 본원과 신통력을 끝없이 찬탄하게 되느니라.

그러면 극락세계에서 들려오는 모든 소리들이 모두 다 불법의 진리를 연창하고 있다는 것을 알아 들을 수 있는데, 그때 그 수행자는 기뻐 어쩔 줄 모르는 환희로 곧 수다원이라는 성자의 지위에 올라서게 되느니라.

그리고 그곳에서 부지런히 모든 부처님을 공양하고 또 그분들께 열심히 법문을 듣고 그 말씀대로 쉼없이 수행에 매진하여 반겁의 세월을 보내게 되면 성자의 가장 높은 지위인

아라한의 계위에 뛰어 오르게 되느니라.

이것이 극락세계에 중품중생(中品中生)하는 자들의 삶인 것이니라.

中品下生者若有善男子善女人孝養父母行世仁慈此人命欲終時遇善知識爲其廣說阿彌陀佛國土樂事亦說法藏比丘四十八願聞此事已尋卽命終譬如壯士屈伸臂頃卽生西方極樂世界經七日已遇觀世音及大勢至聞法歡喜得須陀洹過一小劫成阿羅漢是名中品下生者是名中輩生想名第十五觀

다음으로는 중품(中品)의 하생(下生)으로 극락세계에 태어나는 자들에 대해 설명하겠느니라.

중품하생(中品下生)에 대해서 말할 것 같으면, 어떤 선남자 선여인이 부모를 지극히 효도하고 봉양하면서 세상의 모든 중생들을 어질고 자비로운 마음씨로 가엾게 보살펴 주는 자들이 여기에 해당되느니라.

이런 사람들이 목숨을 마치려고 할 때 다행스럽게도 선지식을 만나 아미타 부처님이 계시는 극락세계의 장엄함과 안락함에 대하여 자세하게 설법해 주는 것을 듣게 되거나, 또는 그 부처님이 법장이라는 수행자로 계실 때 48가지로 발원한 그 본원에 대해서 심도있게 설명해 주는 것을 듣고 자기도 반드시 그 세계에 꼭 태어나고야 말겠다는 굳은 염원을 일으키게 되면 건장한 사람이 팔을 한 번 굽혔다가 펴는 그

짧은 시간 안에 서방 극락세계에 즉시 왕생하게 되느니라.

그곳에 태어나 7일이 지나면 드디어 관세음보살과 대세지보살을 만나게 되어 그들에게 직접 설법을 듣게 되는데, 그때 그 설법을 감격스럽게 듣고 그 마음이 환희에 가득차게 되면 바로 첫 성자의 부류인 수다원의 계위를 증득하게 되느니라.

그 후 부지런히 모든 부처님들을 모시고 그분들을 공양하고 정진하면서 일소겁을 보내면 바로 최고 성자인 아라한의 계위를 성취하게 되느니라.

이것이 바로 극락세계에 중품(中品)으로 하생(下生)하는 중생들의 삶인 것이며, 열다섯 번째로 이 땅에서 중근기의 무리들이 극락세계에 태어나는 모습을 오롯하게 깊이 생각하는 방법이니라."
고 하셨습니다.

제16항

하배관(下輩觀)*

佛告阿難及韋提希下品上生者或有衆生作衆惡業雖不誹謗方等經典如此愚
人多造惡法無有慚愧命欲終時遇善知識爲說大乘十二部經首題名字以聞如
是諸經名故除卻千劫極重惡業智者復敎合掌叉手稱南無阿彌陀佛稱佛名故
除五十億劫生死之罪

　부처님께서 또 저와 위제희 부인에게 말씀하시기를,
　"이제 극락세계에 하품으로 상생하는 자들에 대해서 말해
주겠느니라.
　만약에 어떤 중생이든지 간에 이 세상에 살아가면서 악한
죄업을 수없이 짓고 사는 경우일지라도 오로지 한 가지 올바
르고 평등한 최고, 최상의 진리만을 설파한 대승(大乘)의 경
전(經典)들은 절대로 비방하지 않는 자들이 여기에 해당되느
니라.
　이와 같은 사람들은 사실 이 세상에서 수없이 악한 죄업을
지으면서 살아가고 있지만 그 죄업이 어떤 결과를 가져오는

---

* 하근기의 중생들이 극락세계에 태어나는 모습을 생각하는 방법

지도 모르는 사람들이어서 마음 속으로 전혀 부끄러워하거
나 자책하는 일이 없는 자들이니라.

그러나 비록 그러한 사람들이라 할지라도 목숨이 다하게
될 즈음 천만다행하게도 선지식을 만나 대승의 경전을 내용
별로 세분하여 12가지로 나눈 12부 경전의 제목들을 얻어 듣
는 행운을 가지게 된다면 천겁 동안 이 중생세계에서 나고
죽으며 쌓아온 온갖 악독한 죄업들을 모두 소멸하게 될 것이
니라.

그때 선지식은 그에게 손가락을 접쳐 지성스레 합장하도
록 시키고 지심으로 극락세계에 계시는 아미타 부처님께 귀
의하도록 나무아미타불이라는 염불을 자상스럽게 가르쳐 줄
것이니라.

그 가르침을 듣고 의심없이 일념으로 나무아미타불이라는
염불을 계속해 나아가면 또 다시 50억겁 동안 이 중생세계에
서 끝없이 윤회하며 저질러온 온갖 죄업들을 모두 다 소멸시
키게 될 것이니라.

爾時彼佛卽遣化佛化觀世音化大勢至至行者前讚言善男子以汝稱佛名故諸
罪消滅我來迎汝作是語已行者卽見化佛光明徧滿其室見已歡喜卽便命終乘
寶蓮華隨化佛後生寶池中經七七日蓮華乃敷當華敷時大悲觀世音菩薩及大
勢至菩薩放大光明住其人前爲說甚深十二部經聞已信解發無上道心經十小
劫具百法明門得入初地是名下品上生者

그때가 되면 아미타 부처님께서 그분의 화신인 부처님과 화신인 관세음보살과 화신인 대세지보살을 그에게 보내어 그 수행자 앞에 나타나도록 하실 것이니라.

그리고는 그를 칭찬하시면서,

'선남자여, 그대는 아미타 부처님의 이름을 간절히 불렀기 때문에 모든 죄업이 소멸되어졌느니라. 그래서 내가 그대를 데리러 이렇게 왔느니라.'

고 하실 것이니라.

이 말씀을 듣게 되면 화신의 아미타 부처님이 내뿜는 광명이 온 방안에 가득차게 되는 것을 직접 목격하게 될 것이니라.

그것을 보고 깊이 환희에 젖어들게 되면 목숨이 끝나는 동시에 보석으로 된 연꽃을 타고 화신의 부처님 뒤를 따라 극락세계에 있는 보석의 연못 가운데로 태어나게 될 것이니라.

그곳에서 49일을 보내고 나면 연꽃이 서서히 피게 되는데, 그 연꽃이 이윽고 활짝 피어 열리게 되면 대자대비하신 관세음보살과 대세지보살이 큰 광명을 놓으시며 그 사람 앞에 나타나 깊고 현묘한 대승의 12부 경전에 대해 자세하게 설명해 주실 것인데, 이 설법을 듣고 완전히 이해하게 되면 위없는 깨달음인 아누다라삼먁삼보디의 마음을 일으키게 되느니라.

그리고 나서 부지런히 모든 부처님을 공양하고 쉼없이 계속 정진하여 나아간다면 일소겁이 지난 연후에 드디어 온갖 가지의 진리를 완전히 통달하는 백법명문을 증득하게 되어 초지보살의 지위인 환희지에 올라서게 될 것이니라.

이것이 극락세계에 하품(下品)으로 상생(上生)하는 자들의 삶이라고 하느니라."
고 하셨습니다.

佛告阿難及韋提希下品中生者或有衆生毀犯五戒八戒及具足戒如此愚人偸僧祇物盜現前僧物不淨說法無有慚愧以諸惡業而自莊嚴如此罪人以惡業故應墮地獄

또 다시 부처님께서 저와 위제희 부인을 부르시더니,

"이제 극락세계에 하품(下品)으로 중생(中生)하는 자들에 대해 설명하겠느니라.

극락세계에 하품중생(下品中生)하는 자들을 말할 것 같으면, 어떤 중생이든지 간예 자기의 역량에 맞게 주어진 5계와 8계, 그리고 250계나 348계를 설사 어쩔 수 없이 파계했다 하더라도 마음 속으로는 지극하게 극락세계에 왕생하려 하는 자들이 모두 여기에 포함되느니라.

그와 같이 어리석은 사람들은 수행자들에게 접근하여 온갖 감언이설로 그들이 갖고 있는 일용품을 훔쳐서 착복하기도 하고, 또 사찰에 딸린 재물을 수단과 방법을 가리지 않고 편법으로 사사로이 챙겨서 자기 개인의 소유물로 전용하고자 하는 자들이니라.

그들의 마음은 깨끗하지 못하기 때문에 부지런히 복덕을

쌓거나 정진하지 않고 곧잘 설법만을 하고자 동분서주하고 다니지마는 그 설법은 불법의 이치에 전혀 맞지 않는 비법으로 언제나 자기들의 견해나 아상만을 드날리고자 하느니라.

그러므로 정진 없는 설법이 결국에는 자기는 물론 그것을 듣는 사람들까지 모두 다 지옥으로 끌어넣는다는 사실에 대해 전혀 뉘우치지 않을 뿐만 아니라 더 더욱 부끄러워하는 마음조차도 결코 갖지 않느니라.

오로지 거짓과 위선으로 부귀와 명예만을 탐하면서 허무맹랑한 논리로 온갖 죄업을 짓고 다니지만 겉치레는 늘 그럴싸하게 치장하여 자신이 정말 대단하고 똑똑하다는 자만심에 도취되어 있다 보니 자기의 행동에 대해 전혀 죄스러워할 줄 모르느니라. 이와 같은 사람들은 수많은 악업을 쌓아온 과보로 죽으면 반드시 지옥에 들어가야 할 것이니라.

命欲終時地獄衆火一時俱至遇善知識以大慈悲卽爲讚說阿彌陀佛十力威德廣讚彼佛光明神力亦讚戒定慧解脫解脫知見此人聞已除八十億劫生死之罪地獄猛火化爲淸涼風吹諸天華華上皆有化佛菩薩迎接此人如一念頃卽得往生七寶池中蓮華之內經於六劫蓮華乃敷觀世音大勢至以梵音聲安慰彼人爲說大乘甚深經典聞此法已應時卽發無上道心是名下品中生者

사실 그런 죄인들이 자기 수명이 다할 때가 되면 지옥의 무수한 불길들이 일시에 덤벼들어 그들을 태울 것이지마는 그때 천만다행하게도 우연히 선지식을 만나게 되면 그 선지식이 큰 자비를 베풀어 그에게 아미타 부처님이 갖고 계시는 열 가지 큰 힘의 위덕에 대해 끝없이 찬탄하고 그것을 자세하게 설법해 주는 행운을 얻을 수가 있을 것이니라.

그뿐만 아니라 아미타 부처님이 갖고 계시는 광명과 신통의 힘에 대해서도 끝없이 찬탄하는 것을 직접 듣게 될 것이며, 동시에 모든 부처님이 갖고 계시는 위의의 몸과 선정의 몸, 그리고 지혜의 몸, 해탈의 몸에 이어 해탈해서 모든 사물을 꿰뚫어 보시는 지견의 몸에 대해서도 가없는 찬탄을 하게 되는 것을 듣게 될 것이다.

비록 수많은 악업을 지은 죄인의 신분이지만 선지식에 의하여 위대한 부처님의 공덕을 끝없이 찬탄하는 것을 지성스레 듣게 될 때 지극히 순수한 마음을 가지고 그것을 기쁨으로 받아들인다면 그때 중생세계에서 80억겁 동안 윤회하면서 지어온 한량없는 죄업들을 모조리 다 없앨 수 있는 절호의 기회가 될 수 있느니라.

그러면 지옥으로부터 무섭게 달려드는 뜨거운 불길들이 맑고 서늘한 바람으로 변하여 모든 하늘의 꽃들을 아름답게 흩날리도록 할 것이니라. 그 수많은 꽃잎들 위에는 화신의 부처님들과 보살들이 즐비하게 앉아 이제 그 죄인을 자비로 반갑게 맞아 들이시는 것을 보게 될 터인데, 그러면 그 죄인은 순식간에 극락세계에 있는 칠보로 된 연못 속의 연꽃 가운데로 왕생하게 될 수 있느니라.

그 연꽃 속에서 6겁을 보내고 나면 드디어 그 연꽃이 활짝 피어나게 되는데, 그때 관세음보살과 대세지보살이 맑고 고운 목소리로 그를 안위시키면서 깊고 현묘한 대승의 경전을 설법해 주느니라.

이 법문을 모두 다 듣게 되면 그 사람은 불현듯 위없는 깨달음인 아누다라삼먁삼보디의 마음을 일으키고 그것을 증득하기 위해 끝없는 정진을 행하기 시작하느니라.

이것이 바로 극락세계에 하품(下品)으로 중생(中生)하는 자들의 삶인 것이니라.”

고 말씀하셨습니다.

佛告阿難及韋提希下品下生者或有衆生作不善業五逆十惡具諸不善如此愚人以惡業故應墮惡道經歷多劫受苦無窮如此愚人臨命終時遇善知識種種安慰爲說妙法敎令念佛

부처님께서 또 저와 위제희 부인을 부르시더니,

“이제 하품(下品)으로 하생(下生)하는 자들에 대해서 설명하겠느니라.

어떤 중생이 극락세계에 하품하생(下品下生)하는가 하면, 착한 선행을 전혀 닦지 않고 다섯 가지 극악죄와 열 가지 중죄 등과 더불어 온갖 죄업을 끝없이 지어가는 그런 자들이 모두 여기에 해당되느니라.

이와 같이 어리석은 사람들은 수많은 악업을 쌓아 왔기 때문에 응당히 지옥이나 아귀 또는 축생의 세계에 떨어져 한량없는 세월 동안 무수한 고통을 받아야 하겠지마는 천만다행하게도 이런 사람들이 목숨이 다할 때에 선지식을 만나게 되면 즉시에 엄청난 이익과 행운을 얻을 수 있게 되느니라.

그 선지식은 불안에 떨고 있는 이런 죄인에게 부드럽고 친절한 언어로 그를 달래고 위로하며 오묘한 불법의 진리를 해설해 주면서 지성으로 부처님의 공덕을 생각하도록 권할 것이기 때문이니라.

彼人苦逼不遑念佛善友告言汝若不能念彼佛者應稱無量壽佛如是至心令聲不絶具足十念稱南無阿彌陀佛稱佛名故於念念中除八十億劫生死之罪命終之時見金蓮華猶如日輪住其人前如一念頃卽得往生極樂世界

그러나 그는 두려움과 괴로움이 극심하여 한가롭게 부처님을 생각할 정신적인 여유를 갖지 못하느니라. 그것을 안타깝게 바라볼 수 밖에 없는 선지식은 그래도 그를 따뜻하게 위로하며,

'그대가 만약 부처님의 공덕을 지성으로 생각할 수 없다면 다만 무량수불인 아미타불을 염불하도록 하시오. 마지막 힘을 모아 오직 지성으로 **나무 아미타불**이라고 염불만 하시오.'

라고 간곡하게 권할 것이니라.

그 간곡한 말을 고맙게 듣고 그 죄인이 지극정성으로 나무 아미타불이라는 염불을 끊이지 않게 일념으로 하게 된다면 그 부처님의 이름을 일념으로 지극하게 부른 공덕 때문에 마침내 80억겁 동안 중생세계에서 지어온 온갖 죄업들이 모두 다 소멸되게 될 것이니라.

그런 상태로 숨이 끊어지려고 하면 마치 붉은 해와 같은 한 송이의 황금연꽃이 허공 중에 나타나 자기에게 다가오는 것을 보게 될 터인데, 그때 그 연꽃에 즉각 올라 타면 바로 극락세계에 태어나게 되는 것이니라.

於蓮華中滿十二大劫蓮華方開觀世音大勢至以大悲音聲爲其廣說諸法實相除滅罪法聞已歡喜應時卽發菩提之心是名下品下生者是名下輩生想名第十六觀

그 연꽃 가운데서 12대겁을 완전히 채우고 나면 드디어 연꽃이 피어 열리게 되느니라. 그러면 관세음보살과 대세지보살이 대자대비한 음성으로 그를 위해 일체 법의 진실된 모습을 자세하게 설명해 줄 것이니라. 그 설법을 정성스레 듣고 마음 속으로 크게 기뻐하면서 환희에 젖어들게 되면 모든 죄업이 사라지게 되고 곧 자기 마음을 깨달아야 되겠다는 큰 발심을 일으키게 되느니라.

　이것이 바로 극락세계에 하품(下品)으로 하생(下生)하는
자들의 삶인 것이며, 열여섯 번째로 이 땅에서 하근기의 무
리들이 극락세계에 태어나는 모습을 오롯하게 깊이 생각하
는 방법이니라.”
고 말씀하셨습니다.

說是語時韋提希與五百侍女聞佛所說應時卽見極樂世界廣長之相得見佛身
及二菩薩心生歡喜歎未曾有豁然大悟逮無生忍五百侍女發阿耨多羅三藐三
菩提心願生彼國世尊悉記皆當往生生彼國已獲得諸佛現前三昧無量諸天發
無上道心

　부처님께서 이와 같이 이 땅에서 극락세계를 직접 밝게 비
추어 볼 수 있는 열여섯 가지 방법을 자상하게 설하실 때에
위제희 부인은 그녀를 모시고 있던 500명의 시녀들과 함께
지성스레 부처님의 설법을 듣고 바로 광대한 장엄의 극락세
계를 바라볼 수 있었습니다.
　그리고 그녀는 석가모니 부처님의 위신력으로 미처 상상
도 할 수 없었던 아미타 부처님과 관세음보살, 대세지보살님
들의 거룩한 모습을 직접 뵈옵고 너무나 감격스러워 끝없이
그분들의 공덕을 찬탄하고 있었습니다.
　그러자 괴로움의 고뇌에 깊숙이 젖어 있던 침통스런 마음
이 시원하게 열리고 이제부터 무엇을 어떻게 해야 되겠다는

분명한 해답을 얻고서 바로 불생불멸의 지위인 무생인을 통달하게 되었습니다.

그 광경을 보고 있던 500명의 시녀들도 크게 감동한 나머지 그들도 위없는 깨달음을 이루어 부처가 되기 위해서는 반드시 극락세계에 태어나야 되겠다는 간절한 염원을 일으키게 되었습니다.

그들의 간절한 염원을 세밀히 읽고 계시던 석가모니 부처님께서는 그들 모두에게 자비를 내리시며,

'그대들도 다음 생애에는 반드시 극락세계에 태어나게 될 것이다. 그리고 그 세계에 태어나서는 모든 부처님들을 직접 뵈올 수 있는 제불현전삼매를 얻게 될 것이다.'

고 예언의 수기를 내려 주셨습니다.

그들의 수기를 부럽게 내려다 보고 있던 한량없는 모든 하늘사람들도 기필코 위없는 깨달음을 이루어 그들도 부처가 되어야 되겠다는 마음을 다 함께 진솔하게 일으키고 있었습니다.

제3장

유통분(流通分)

願往生 願往生
극락왕생 원하고 극락왕생 원하옵니다

願生華藏蓮華界
연꽃이 어우러진 연화세계 태어나서

自他一時成佛道
모두 다 일시에 부처되길 원하옵니다.

爾時阿難卽從座起白佛言世尊當何名此經此法之要當云何受持佛告阿難此
經名觀極樂國土無量壽佛觀世音菩薩大勢至菩薩亦名淨除業障生諸佛前汝
當受持無令忘失行此三昧者現身得見無量壽佛及二大士若善男子及善女人
但聞佛名二菩薩名除無量劫生死之罪何況憶念若念佛者當知此人則是人中
分陀利華觀世音菩薩大勢至菩薩爲其勝友當坐道場生諸佛家

그때 자리에 앉아 있던 제가 조용히 일어나 부처님께,

"세상에서 가장 높으신 부처님이시여, 부처님께서 이제까지 설하신 이 경전의 이름을 무엇이라고 해야 하옵니까? 이렇게 중요하고 이렇게 존귀한 이 가르침을 어떻게 저희들이 받아 지녀야 되겠사옵니까?"

라고 공손히 여쭈자 부처님께서 저에게 말씀하시기를,

"이 경전은 극락국토에 계시는 무량수불과 관세음보살과 대세지보살을 직접 바라볼 수 있는 방법을 설한 경전이기 때문에 『관극락국토무량수불관세음보살대세지보살경』이라고 하라.

또는 모든 업장을 말끔히 없애고 아미타 부처님 앞에 태어나도록 인도하는 경전이기 때문에 『정제업장생제불전경』이라고 하라.

그리고 그대는 이 가르침의 뜻을 마음에 잘 간직해서 절대로 잊어버리지 않도록 늘 명심하여야 할 것이니라.

이 경에서 설해 밝힌 16가지의 삼매를 닦는 사람들은 지금 가지고 있는 중생의 보통눈을 가지고서도 극락세계에 계시는 아미타불과 관세음보살, 대세지보살을 직접 친견할 수 있는 방법을 얻게 된다는 것을 명심해야 되느니라.

사실 말세의 선남자 선여인이 다만 아미타 부처님의 이름과 두 보살의 이름만 들어도 한량없는 세월 동안 지어온 일체의 죄업이 모두 다 소멸되는데, 어찌 하물며 아미타 부처님의 큰 공덕과 그 두 보살의 원력을 가슴 속 깊이 간직하고 그분들을 사모해 뵙고자 염원하는 사람이겠는가.

어떤 중생이든지 간에 아미타 부처님을 지성으로 뵙기를 원하여 그분의 이름을 한결같이 부르는 사람이 있다면 그 사람이야말로 이 혼탁한 중생세계 속에서 피어나는 한 송이의 깨끗한 분다리 연꽃과 같다는 것을 잘 알아야 할 것이니라.

이러한 사람에게는 관세음보살과 대세지보살이 그의 수승한 벗이 되어 항상 그의 곁에 있으면서 그를 보호하고 또 지도해 주어 필경에는 깨달음을 얻을 수 있도록 극락세계의 아미타 부처님 세계로 인도하여 주실 것이니라."
고 하셨습니다.

佛告阿難汝好持是語持是語者卽是持無量壽佛名

다시 부처님께서 저를 부르시더니,
"그대는 이 말을 잘 명심하도록 하여야 할 것이니라. 이

말이라고 하는 것은 바로 무량수 부처님이신 아미타불의 이
름을 잊지 말고 명심해서 기억해 두라는 뜻이니라."
고 단단히 부탁하시는 것이었습니다.

佛說此語時尊者目犍連尊者阿難及韋提希等聞佛所說皆大歡喜爾時世尊足
步虛空還耆闍崛山爾時阿難廣爲大衆說如上事無量諸天龍夜叉聞佛所說皆
大歡喜禮佛而退

　부처님께서 이 경전을 모두 다 설해 마치시자 목건련 존자
와 저 아난과 위제희 부인은 너무나 기뻐서 어찌할 바를 모
를 정도로 환희심에 가득차 있었습니다.
　이 경을 다 설해 마친 부처님께서는 허공을 걸어서 다시
기사굴산으로 되돌아 가셨습니다.
　그 뒤를 이어 영취산에 돌아온 저는 갑자기 부처님께서 사
라지셔서 몹시 궁금하게 여기고 있던 수많은 대중들에게 왕
사성 위제희 부인의 처소에서 불시에 행하여진 부처님의 희
귀한 설법인 이 경을 자세하게 재연해 주었습니다.
　간접적으로 저를 통해 부처님의 설법을 전해 듣게 된 한량
없는 모든 대중들과 하늘사람들, 그리고 불법의 수호신인 용
들과 야차들은 이 땅에서 극락세계를 직접 바라볼 수 있는
열여섯 가지의 관법을 자세히 듣고 크게 감동하고 기뻐하며
환희에 들떠 있었습니다.

　그래서 그들은 석가모니 부처님께 끝없는 감사의 예배를 지성스레 드리고 자기들의 처소로 각기 뛸듯이 기쁜 마음을 가지고 돌아갔습니다.

종(終)

　어쨌거나 아사세 왕은 그의 부모를 왕궁에 유폐시켜 놓고 모진 고통과 학대를 가해 가슴속에 맺혀진 그 원한을 속시원히 풀어버리려고 했다. 그러다가 결국 둘 다 죽여야 되겠다고 결심하고 형리를 시켜 형장으로 데리고 가 목을 베라고 명령하였다.
　그때 우연하게도 그의 왕자가 우렁찬 울음을 토하며 태어났다. 그 소식을 듣고 기쁨을 이기지 못한 아사세 왕은 다음과 같이 소리쳤다.
　"왕자가 태어났다. 내 아들이 태어났다. 이제 드디어 이 왕권을 물려줄 태자가 태어났다."
고 펄쩍 펄쩍 뛰며 내전을 돌아다녔다. 그러다가 뇌리에 문득,
　'나의 부모도 나를 낳고 이렇게 기뻐했을 것이 아닌가….'
라는 생각이 순간적으로 일어나자 그는 황급히 호위병을 불러 들였다.
　"시간이 없다. 지체없이 말을 달려 형장으로 가라. 사형은

취소한다. 내 부모를 죽이지 말라. 최고의 예의로 정중히 모셔오도록 하라.”

호위병은 바람같이 형장으로 말을 달렸다. 멀리 형장이 다가오고 있었다. 그는 고함을 질렀다.

“정지다. 정지하라. 어명이다.”

그러나 그 소리는 바람과 함께 말발굽 소리에 파묻히고 있었다. 그가 형장에 거의 도착할 즈음에 빔비사라 왕과 위제희 왕비는 피를 쏟으며 땅바닥에 나뒹굴고 말았다.

아사세 왕은 그 소식을 듣고 이제 그 부모님의 은혜를 어떻게 갚을 것인지 대성통곡하기 시작했다. 이 극악무도한 악행을 어떻게 용서받아야 될 것인지 그는 거의 미칠 것만 같았다.

그 죄로 인해 그의 온 몸에는 종창이 돋아나기 시작해 끊임없이 그를 괴롭혔다. 그 고통은 너무나 극심하여 죽기보다도 더 고통스러운 나날을 보내야 했다. 그는 견디다 못해 끝내 부처님을 찾아가 무릎을 꿇고 지성으로 참회하기에 이른다.

그리고 8년 뒤 부처님이 열반에 드실 때까지 성심성의껏 그분을 공경하고 그분께 공양을 드리면서 그분의 가르침을 받아 부지런히 공덕을 짓고 업장을 녹여 나갔다. 그리고 32년의 재위기간 동안 덕으로 백성을 잘 보호하고 나라를 안락하고 풍요롭게 하는 데 온 정열을 다 쏟아 부었으며, 아울러 수행하는 데 있어서도 조금도 게을리하지 않았다.

부처님이 세연을 따라 열반에 드시고 난 뒤 모든 대중들이 필발라굴에서 부처님 말씀을 경전으로 엮고 있을 때도 그는 외부의 큰 수호자가 되어 그 불사를 원만히 이룰 수 있도록 물심양면으로 지극하게 후원하였다고 전해오고 있다.

부록

장엄염불

화엄경 약찬게

의상조사 법성게

장엄염불

장엄염불이란 죄업에 찌들리어 있는 사악한 마음을 일심으로 참회하고 복덕과 수행으로 자신을 장엄시키기 위해 부모님의 은혜와 부처님의 은덕에 이어 아미타 부처님의 공덕을 찬탄하고 그분을 지성으로 흠모하면서 서방정토 극락세계에 간절히 태어나기를 바라는 발원으로 49재나 큰 법회 때에 항상 상용하는 염불을 말한다.

阿彌陀佛眞金色
아미타불진금색

아미타 부처님의 몸은 우아하고 찬란하게
황금빛으로 흘러넘치어서

相好端嚴無等倫
상호단엄무등륜

훌륭하고 아름다운 그 모습은 그 누구도 가히
대등할 수 없습니다.

白毫宛轉五須彌
백호완전오수미

양 눈썹 사이 흰털은 수미산 다섯을 뭉쳐 놓은 것처럼
크고도 분명하며

紺目淸淨四大海
감 목 청 정 사 대 해

맑고 깨끗한 검푸른 눈동자는 거대한 바다와도 같이

깊고 그윽하십니다.

光中化佛無數億
광 중 화 불 무 수 억

그분이 내뿜는 금빛 광명 속에는 또 억만 무수의

화신부처님이 계시고

化菩薩衆亦無邊
화 보 살 중 역 무 변

그 화신의 부처님들 광명 속에는 또

한량없는 보살님들이 나타나십니다.

四十八願度衆生
사 십 팔 원 도 중 생

48가지 큰 본원의 서원으로 일체 중생을 제도하시다 보니

그 누구라도

九品含靈登彼岸
구 품 함 령 등 피 안

인연 있는 중생들은 아홉 등급으로 극락세계에

태어날 수 있게 되었습니다.

以此禮讚佛功德
이 차 예 찬 불 공 덕

그러한 아미타불께 끊임없이 예배하고

그 공덕을 하염없이 찬탄하오니

莊嚴法界濟有情
장엄법계제유정

온 우주를 불국토로 장엄하여

일체 중생 모두 다 제도되게 해 주옵소서.

臨終悉願往西方
임종실원왕서방

임종을 맞이하는 모든 중생들이

안락국인 극락세계 태어나길 발원해서

共睹彌陀成佛道
공도미타성불도

모두 함께 아미타불 친견하고

불도를 이루게 하여 주옵소서.

極樂世界蓮池中
극락세계연지중

극락세계 보석 연못 가운데에 피어 있는

九品蓮華如車輪
구품연화여거륜

아홉 등급 연꽃들은 수레바퀴처럼 둥글고 아름답기만 합니다.

彌陀丈六金軀立
미타장육금구립

금색의 아미타불은 키가 열여섯 자나 되는데,

左手當胸右手垂
좌수당흉우수수

왼손은 가슴 앞에 두고서 오른손은 땅으로 내리고 계십니다.

綠羅衣上紅袈裟
녹라의상홍가사
연푸른 비단 의복에 붉은 가사를 걸치시고

金面眉間白玉毫
금면미간백옥호
빛나는 금빛얼굴과 양 눈썹 사이에 난 옥 같은 흰털에서는
한량없는 광명이 흘러넘치옵니다.

左右觀音大勢至
좌우관음대세지
좌측에는 관세음보살 오른쪽에는 대세지보살이 그분을

侍立莊嚴審諦觀
시립장엄심체관
장엄하게 모시면서 일체 중생 세계를
자세히 살펴 보시옵니다.

歸命聖者觀自在
귀명성자관자재
관음보살 대성인께 목숨 다해 지극히 귀의하옵니다.

身若金山薝蔔花
신약금산담복화
척박한 금산에 핀 당신의 모습은
흡사 담복화꽃 같으옵니다.

歸命聖者大勢至
귀명성자대세지
대세지보살 대성인께 목숨 다해 지극히 귀의하옵니다.

身智光明照有緣
신 지 광 명 조 유 연

온몸에서 발하는 그 광명은 인연 있는 자들을 모두 비추옵니다.

三聖所有功德聚
삼 성 소 유 공 덕 취

아미타불 관음보살 대세지보살 세 성인이 갖추고 계시는 공덕은

數越塵沙大若空
수 월 진 사 대 약 공

무량한 세계보다도 더 크고 넓은 허공보다도 더 끝이 없습니다

十方諸佛咸讚歎
시 방 제 불 함 찬 탄

시방세계 부처님들이 한꺼번에 그 공덕을 연속해서 찬탄하여도

塵劫不能窮少分
진 겁 불 능 궁 소 분

그 공덕에는 억만 분의 일에도 정녕 미치지 못할 것이옵니다.

是故我今恭敬禮
시 고 아 금 공 경 례

그러므로 저희들이 지성으로 그분들께 공경을 드리는 바입니다.

願我盡生無別念
원 아 진 생 무 별 념

이 목숨 다할 때까지 다른 생각 절대로 가지지 않고

阿彌陀佛獨相隨
아 미 타 불 독 상 수

오로지 아미타 부처님 당신 모습만

간절히 생각하겠사옵니다.

心心常係玉毫光
심 심 상 계 옥 호 광

언제나 양 눈썹 사이에 백옥처럼 뭉쳐 있는 흰털 무더기와

念念不離金色相
염 념 불 리 금 색 상

황금빛이 찬란한 당신의 모습만을 일념으로 사모하겠사옵니다.

我執念珠法界觀
아 집 염 주 법 계 관

염주를 잡고 염불하는 저희들은

극락세계를 직관하고자 하옵니다.

虛空爲繩無不貫
허 공 위 승 무 불 관

허공이 줄이 되어 극락세계에 연결되지

아니할 수가 없을 것입니다.

平等舍那無何處
평 등 사 나 무 하 처

평등한 진리법은 일체에 두루해 어느 곳엔들

불국토가 없겠는가마는

觀求西方阿彌陀
관 구 서 방 아 미 타

우리는 오로지 아미타불이 계시는 서방 극락세계만

관하길 바랄 뿐이옵니다.

南無西方大敎主
나 무 서 방 대 교 주

서방 극락세계에서 중생을 제도하시는 최고의 위대한 스승

無量壽如來佛
무 량 수 여 래 불

아미타 부처님이신 무량수 여래불께

지성으로 귀의하옵나이다.

南無阿彌陀佛
나 무 아 미 타 불

아미타 부처님께 목숨 다해 귀의하옵나이다.

極樂世界十種莊嚴
극 락 세 계 십 종 장 엄

法藏誓願修因莊嚴
법 장 서 원 수 인 장 엄

법장 스님 원을 세워 보살만행 닦은 것이 그대로 장엄된 곳이고

四十八願願力莊嚴
사 십 팔 원 원 력 장 엄

마흔여덟 가지 원력 세운 것들 빠짐없이 모두 다 장엄된 곳이며,

彌陀名號壽光莊嚴
미 타 명 호 수 광 장 엄

아미타불 그 이름과 수명 광명이 모두 다 그대로 장엄된 곳이고

三大士觀寶像莊嚴
삼 대 사 관 보 상 장 엄

세 분의 큰 스승 그 위신력과 보배상이

거룩하게 장엄된 곳이며

彌陀國土安樂莊嚴
미 타 국 토 안 락 장 엄

아미타불 그 국토는 편안함과

즐거움만 있도록 장엄되었습니다.

寶河淸淨德水莊嚴
보 하 청 정 덕 수 장 엄

보석둑에 흐르는 강물 여덟 가지

공덕수가 흐르도록 장엄되었고

寶殿如意樓閣莊嚴
보 전 여 의 누 각 장 엄

보석궁전과 보석누각들은 여의주로

아름답게 장엄되어 있으며

晝夜長遠時分莊嚴
주 야 장 원 시 분 장 엄

낮과 밤 시간이 길고 길어

시간장엄이 되어 있는 곳입니다.

二十四樂淨土莊嚴
이 십 사 락 정 토 장 엄

스물네 가지 안락한 삶을 살도록

청정한 세계로 장엄되었으며

三十種益功德莊嚴
삼 십 종 익 공 덕 장 엄

서른 가지 이익들이 끝없이 넘쳐나는

공덕이 장엄된 곳입니다.

彌陀因行四十八願
미 타 인 행 사 십 팔 원

惡趣無名願
악 취 무 명 원

저의 세계에는 지옥·아귀·축생의 고통세계가 없어야 할 것이며

無墮惡道願
무 타 악 도 원

그 세계에 중생들은 두번 다시 삼악도의 세계에

떨어져서는 안 되고

同眞金色願
동 진 금 색 원

모두 다 황금색 광명을 내뿜는 육신을 받고 태어나야 할 것이며

形貌無差願
형 모 무 차 원

형체가 한결같아 모습의 등차와

우열이 없어야 할 것이옵니다.

成就宿命願
성 취 숙 명 원

전생의 일들을 하나도 빠짐없이 기억하는

숙명통을 갖추어야 하며

生獲天眼願
생 획 천 안 원

모두 다 전 허공계를 꿰뚫어 볼 수 있는

천안통을 얻어야 하며

生獲天耳願
생 획 천 이 원

온갖 생명들의 소리들을 전부 들을 수 있는
천이통을 얻어야 하며

悉知心行願
실 지 심 행 원

모든 중생들의 마음을 직관할 수 있는
타심통을 갖추어야 하며

神足超越願
신 족 초 월 원

허공의 세계를 마음대로 날아다닐 수 있는
신족통을 얻어야 하며

淨無我想願
정 무 아 상 원

누구라도 나(我)라는 생각으로 인해
고통받는 일이 없어야 하며

決定正覺願
결 정 정 각 원

모두 다 그곳에서 올바른 깨달음을 얻을 수 있어야만 하옵니다.

光明普照願
광 명 보 조 원

몸에서는 금색 광명이 흘러 넘쳐 전 중생세계를 비추어야 하며

壽量無窮願
수 량 무 궁 원

한량없이 오래 살아 일체 중생 모두를 다 제도하고 싶사옵니다.

聲聞無數願
성문무수원

저를 따르는 제자들의 수효는

한량이 없을 정도로 많아야 하며

衆生長壽願
중생장수원

그들 모두는 저와 함께 영원히 오래도록

영생하여야 할 것이며

皆獲善名願
개획선명원

나쁜 이름이나 혐오스런 말들은 절대로 듣지 않아야 할 것이며

諸佛稱讚願
제불칭찬원

모든 부처님들이 그들을 언제나 칭찬해 주시어야 하옵니다.

十念往生願
십념왕생원

누구든 일념으로 염불하면

극락 세계에 반드시 왕생하여야 하며

臨終現前願
임종현전원

염원이 지극하면 죽을 때에 반드시

제가 그에게 나타나야 할 것이며

廻向皆生願
회향개생원

지극하게 극락왕생을 원하면 반드시 그렇게 되어야 할 것이며

具足妙相願
구족묘상원

제 나라의 중생들은 모두 부처님과 같은

신묘한 형색을 갖추어야 하며

咸階補處願
함개보처원

모두 다 단 한 번의 삶으로 반드시 부처가 되어야만 하옵니다.

晨供他方願
신공타방원

제 나라의 중생들은 새벽마다 모든 부처님들께

공양 올리어야 하며

所須滿足願
소수만족원

원하는 것이 있다면 무엇이든지 다 가질 수 있어야 하고

善入本智願
선입본지원

모두 다 부처님이 갖고 계시는 근본 지혜를

증득할 수 있어야 하며

那羅延力願
나라연력원

다 함께 건강해서 금강역사 같은 견고한 몸을

얻어야 할 것이옵니다.

莊嚴無量願
장엄무량원

저의 나라는 한량없이 아름답고 정미롭게 장엄되어져야 하고

寶樹悉知願
보 수 실 지 원

그곳에 왕생하는 자들은 누구나 다 보석나무들을

보아야 하옵니다.

獲生辯才願
획 생 변 재 원

모두 다 훌륭한 말솜씨를 얻어 중생을 교화시킬 수 있어야 하고

大辯無邊願
대 변 무 변 원

부처님처럼 설법하는 때에 일체의 언어장애가

없어야만 하옵니다.

國淨普照願
국 정 보 조 원

그 세계는 청정하기 이를 데 없어 전 우주를 두루 비추어야 하고

無量勝音願
무 량 승 음 원

한량없이 수승한 법문의 음성들이 주야장천

흘러 나와야 하옵니다.

蒙光安樂願
몽 광 안 락 원

어느 중생이든 간에 저의 광명을 입으면

더 없이 안락해 져야 하고

成就總持願
성 취 총 지 원

비밀스런 진언과 다라니의 숨겨진 뜻들을 모두 다 깨달아야 하며

永離女身願
영리여신원

애착심으로 고통을 많이 받게 되는
여인의 몸을 받지 않아야 하고

聞名至果願
문명지과원

제 이름인 아미타불을 염불하게 되면
반드시 깨달음을 얻어서

天人敬禮願
천인경례원

천신과 인간들이 모두 다
그들을 존경하고 예배를 드려야 하옵니다.

須衣隨念願
수의수념원

원하는 옷마다 모두 다 갖추어지고
소원대로 모두가 다 성취되어서

纔生心淨願
재생심정원

그 마음이 평화로워 한없이 청정한 삶을 살아가게
되어야 하옵니다.

樹現佛刹願
수현불찰원

보석나무들에는 일체의 부처님세계들이
모두 다 비추어져야 하고

無諸根缺願
무제근결원

그곳에 태어나는 사람들은 단 한 사람도 장애자가

없어야 하옵니다.

現證等持願
현증등지원

저를 믿고 따르는 자들은 모두 다

최고의 진리를 증득해야 하고

聞生豪貴願
문생호귀원

태어날 때마다 언제나 훌륭하고 귀한 가문에 태어나야 하며

具足善根願
구족선근원

바라밀행과 온갖 수행들이

장애없이 완전하게 이루어져야 하고

供佛堅固願
공불견고원

부처님을 공경하고 공양드리고자 하는 마음이 항상 견고해야 하며

欲聞自聞願
욕문자문원

법문을 듣고 싶어할 때에는 언제나 장애없이 설법을 들어야 하고

菩提無退願
보디무퇴원

자신의 마음을 깨닫고자 하는 발심에서

결코 물러서지 말아야 하며

現獲忍地願
현 획 인 지 원
결국은 나고 죽음이 없는 무생법인을 모두 다
증득해야만 하옵니다.

諸佛菩薩十種大恩
제 불 보 살 십 종 대 은

發心普被恩
발 심 보 피 은
중생들을 위해 발심하셔서 우리들에게 큰 음덕을 입히시는 은혜

難行苦行恩
난 행 고 행 은
온갖 어려운 수행과 수많은 난관을 고행으로 행하신 은혜

一向爲他恩
일 향 위 타 은
한결같이 중생들에게 안락만을 주고자 하시는
그 거룩하신 은혜

隨形六途恩
수 형 육 도 은
중생이 있는 곳이면 어디에든 그 모습대로 나타나 주시는 은혜

隨逐衆生恩
수 축 중 생 은
중생을 끝까지 버리시지 않고 포기하지 않으시는 은혜

大悲深重恩
대 비 심 중 은

대자비하신 마음으로 중생을 가엾고 불쌍하게 보아 주시는 은혜

隱勝彰劣恩
은 승 창 열 은

중생의 수준에 맞추려고 자신을 낮게 내리시는 은혜

爲實示權恩
위 실 시 권 은

절대 진리를 가르치기 위해서 수많은 방편을 시설해 주시는 은혜

示滅生善恩
시 멸 생 선 은

열반의 모습을 보여 모든 것은
무상하다는 것을 가르치시는 은혜

悲念無盡恩
비 념 무 진 은

번뇌에 미혹되어 있는 중생들을
한없이 안타깝게 여기시는 은혜

普賢菩薩十種大恩
보 현 보 살 십 종 대 은

禮敬諸佛願
예 경 제 불 원

모든 부처님께 끝없이 예배하고 공경 드리기를 원하오며

稱讚如來願
칭찬여래원

수많은 부처님의 공덕을 하염없이 찬탄하기를 원하오며

廣修供養願
광수공양원

무수무량한 부처님들께 한량없는 공양을 올리기를 원하오며

懺除業障願
참제업장원

업장을 부지런히 참회하여 모두 다 소멸하기를 원하오며

隨喜功德願
수희공덕원

다른 사람의 선행과 공덕을 보면 덩달아 기뻐하기를 원하오며

請轉法輪願
청전법륜원

부처님들께 설법을 해 주시도록 간곡히 청하는 것을 원하오며

請佛住世願
청불주세원

부처님께서 이 사바세계에 항상 계시도록 권하기를 원하오며

常隨佛學願
상수불학원

부처님을 따라 언제나 불법을 부지런히 배우기를 원하오며

恒順衆生願
항순중생원

중생들을 상대로 제 자신을 그들의 수준에 맞추기를 원하오며

普皆廻向願
보 개 회 향 원

모든 공덕을 그들에게 돌려주고 같이 왕생하기를 원하옵니다.

釋迦如來八相成道
석 가 여 래 팔 상 성 도

兜率來儀相
도 솔 래 의 상

도솔천에서 사바세계를 택하여 마야 부인 태중에 드신 일

毘藍降生相
비 람 강 생 상

중생을 구제하기 위해서 룸비니 동산에 태어나신 일

四門遊觀相
사 문 유 관 상

동서남북 사대문에서 중생들의 생로병사를 확인하신 일

踰城出家相
유 성 출 가 상

가비라국의 태자 직위를 버리고 위대한 출가를 감행하신 일

雪山修道相
설 산 수 도 상

설산에서 6년 동안 온갖 고행과 수많은 어려움을 넘어선 일

樹下降魔相
수 하 항 마 상

보리수 아래에서 도를 깨치시고 마군중을 항복 받으신 일

鹿苑轉法相
녹원전법상

녹야원에서 깨달음의 가르침인 불법을 처음 펴기 시작한 일

雙林涅槃相
쌍림열반상

두 그루의 사라 나무 사이에 누워 이 세상을 떠나가신 일

多生父母十種大恩
다 생 부 모 십 종 대 은

懷耽守護恩
회탐수호은

태중에 있을 때 목숨 걸고 보호하여 주시는 은혜

臨産受苦恩
임산수고은

해산할 때 고통과 불안으로 괴로워하시는 은혜

生子忘憂恩
생자망우은

해산을 마친 후 자식을 보고 기뻐하시며 근심을 잊으시는 은혜

咽苦吐甘恩
연고토감은

쓴 것은 당신이 드시고 단 것은 자식을 먹이시는 은혜

廻乾就濕恩
회간취습은

마른 자리는 자식에게 젖은 자리는 당신이 가지시는 은혜

乳哺養育恩
유포양육은

젖과 음식과 약으로 보살피고 양육하시는 은혜

洗濯不淨恩
세탁부정은

더러운 배설물과 의복들을 닦아주고 씻어주시는 은혜

遠行憶念恩
원행억념은

먼길 가면 올 때까지 걱정하며 애타게 기다리시는 은혜

爲造惡業恩
위조악업은

자식을 위해서라면 죄업도 마다않고 덮어쓰시는 은혜

究竟憐愍恩
구경연민은

어른이 되어도 언제나 걱정하고 늘 가엾어 하시는 은혜

五種大恩銘心不忘
오 종 대 은 명 심 불 망

各安其所國王之恩
각안기소국왕지은

국민들이 평안하게 살아갈 수 있도록 호위하는 국왕의 은혜

生養劬勞父母之恩
생양구로부모지은

나를 낳아주고 건강하게 길러주는 하늘 같은 부모의 은혜

流通正法師長之恩
유 통 정 법 사 장 지 은

바른 법을 가르쳐 올바르게 이끄시는 스승과 존장들의 은혜

四事供養檀越之恩
사 사 공 양 단 월 지 은

의복·침구·의약·양식을 공급해 주는 모든 신자들의 은혜

琢磨相成朋友之恩
탁 마 상 성 붕 우 지 은

신의의 관계로 서로 의지하고 서로 탁마하는 벗들의 은혜

當可爲報唯此念佛
당 가 위 보 유 차 염 불

이 은혜들을 갚기 위해 부지런히 염불을 하는 것이옵니다.

高聲念佛十種功德
고 성 염 불 십 종 공 덕

一者功德能背睡眠
일 자 공 덕 능 배 수 면

첫째 공덕은 졸음을 없애어 정신을 맑게 하고

二者功德天魔驚怖
이 자 공 덕 천 마 경 포

둘째 공덕은 마구니가 놀라 두려워하며 달아나고

三者功德聲遍十方
삼 자 공 덕 성 변 시 방

셋째 공덕은 염불소리가 시방으로 울려 퍼질 수 있고

四者功德三途息苦
사 자 공 덕 삼 도 식 고

넷째 공덕은 지옥·아귀·축생의 고통이 멈춰지며

五者功德外聲不入
오 자 공 덕 외 성 불 입

다섯째 공덕은 다른 소리들의 장애를 받지 않게 되고

六者功德念心不散
육 자 공 덕 염 심 불 산

여섯째 공덕은 염불하는 마음이 산란스러워지지 않으며

七者功德勇猛精進
칠 자 공 덕 용 맹 정 진

일곱째 공덕은 게으름 없이 용맹스럽게 정진할 수 있고

八者功德諸佛歡喜
팔 자 공 덕 제 불 환 희

여덟째 공덕은 모든 부처님들을 기쁘게 할 수 있으며

九者功德三昧現前
구 자 공 덕 삼 매 현 전

아홉째 공덕은 삼매를 밝고 뚜렷하게 성취할 수 있고

十者功德往生淨土
십 자 공 덕 왕 생 정 토

열째 공덕은 극락세계에 왕생할 수 있는 기틀이 됩니다.

青山疊疊彌陀窟
청 산 첩 첩 미 타 굴

첩첩이 푸른 산은 아미타굴이요

滄海茫茫寂滅宮
창 해 망 망 적 멸 궁

망망한 넓은 바다 적멸궁이라

物物拈來無罣碍
물 물 염 래 무 가 애

만물이 오가는 데 걸림 없으니

幾看松亭鶴頭紅
기 간 송 정 학 두 홍

소나무 정자에 붉은 학의 머리를 살펴 보라.

極樂堂前滿月容
극 락 당 전 만 월 용

극락전에 계시는 보름달 같은 아미타 부처님

玉豪金色照虛空
옥 호 금 색 조 허 공

백옥광명 금빛 몸이 전 우주를 밝게 비추시므로

若人一念稱名號
약 인 일 념 칭 명 호

누구든 일념으로 아미타불 염불하면

頃刻圓成無量功
경 각 원 성 무 량 공

찰나에 한량없는 공덕을 모두 갖출 수 있습니다.

三界猶如汲井輪
삼 계 유 여 급 정 륜

중생계는 우물의 두레박질 같아서

百千萬劫歷微塵
백 천 만 겁 역 미 진

백천만겁 지나도 끝없이 그 자리를 맴도니

此身不向今生度
차 신 불 향 금 생 도

이 몸을 금생에 제도하지 못하면

更待何生度此身
갱 대 하 생 도 차 신

어느 생을 기다려 다시 이 몸을 제도하리오.

天上天下無如佛
천 상 천 하 무 여 불

하늘 위 하늘 아래 부처님 같은 분은 없고

十方世界亦無比
시 방 세 계 역 무 비

시방세계 그 누구도 가히 견줄 자가 없으며,

世間所有我盡見
세 간 소 유 아 진 견

세상에 있는 사람 내 모두 다 살펴 봐도

一切無有如佛者
일 체 무 유 여 불 자

부처님 신자보다 더 좋은 사람 없습니다.

刹塵心念可數知
찰 진 심 념 가 수 지

설령 그 누구가 일체 중생들의 마음을 모두 다 헤아려 알고

大海中水可飮盡
대 해 중 수 가 음 진

거대한 바닷물을 한입에 모조리 다 들이 마시고

虛空可量風可繫
허 공 가 량 풍 가 계

허공의 크기를 알고 바람을 붙들어 맬 수가 있다 하여도

無能盡說佛功德
무 능 진 설 불 공 덕

부처님이 갖고 계시는 공덕은 아무도 다 말할 수 없습니다.

假使頂戴經塵劫
가 사 정 대 경 진 겁

설령 누가 경전을 머리에 이고 무량겁을 모시거나

身爲狀座遍三千
신 위 상 좌 변 삼 천

신통을 삼천대천 세계에 가득 나타낸다 하더라도

若不傳法度衆生
약 불 전 법 도 중 생

부처님 말씀을 전파해 중생을 제도하지 않는다면

畢竟無能報恩者
필 경 무 능 보 은 자

끝까지 부처님 은혜 하나도 갚지 못하고 마는 것입니다.

我此普賢殊勝行
아 차 보 현 수 승 행

내 이제 보현보살님의 거룩한 원력을 따라 행하고

無邊勝福皆廻向
무변승복개회향

가없이 수승한 복 모두 다 중생들에게 돌리오니

普願沈溺諸衆生
보원침익제중생

고통에 허덕이는 일체 중생들 골고루 나누어 가져

速往無量光佛刹
속왕무량광불찰

하루 빨리 아미타불 극락세계에 왕생하길 바라나이다.

阿彌陀佛在何方
아미타불재하방

아미타 부처님은 현재 어느 곳에 계시옵니까?

着得心頭切莫忘
착득심두절막망

오매불망 깊이 생각하여 절대 잊지 말아야 하니

念到念窮無念處
염도염궁무념처

생각이 지극하여 생각 없는 데 이르게 되면

六門常放紫金光
육문상방자금광

여섯 감각기관에서 항상 황금빛이 나오게 됩니다.

報化非眞了妄緣
보화비진료망연

보신 화신불은 인연따라 나타나므로 참 부처님이 아니며

法身淸淨光無邊
법 신 청 정 광 무 변

청정한 법신불은 우주에 가득차 아니 계신 곳 없으십니다.

千江有水千江月
천 강 유 수 천 강 월

천 개의 강에 물이 있으면 천 개의 달이 그대로 비치고

萬里無雲萬里天
만 리 무 운 만 리 천

만리 허공에 구름없으면

만리청천이 그대로 하늘입니다.

山堂静夜坐默言
산 당 정 야 좌 묵 언

고요한 밤 깊은 산속의 정자에 말없이 앉아 있다 보면

寂寂寥寥本自然
적 적 요 요 본 자 연

시비와 분별 사라진 그 마음이 본래의 자연과 일치하네.

何事西風動林野
하 사 서 풍 동 임 야

어찌해서 서쪽 바람이 불어와 숲과 풀들을 뒤흔드는가.

一聲寒雁唳長天
일 성 한 안 려 장 천

슬피 우는 기러기 외마디가 차가운 하늘에 메아리치누나.

四大各離如夢中
사 대 각 리 여 몽 중

사대로 형성된 이 몸이 사라지면 마치 꿈을 꾼 것 같네.

六塵心識本來空
육진심식본래공

여섯 가지 경계와 마음 그리고 인식은 본래 비어 있는 것

欲識佛祖廻光處
욕식불조회광처

광명을 내뿜는 불조의 자리가 어디인 줄 알고 싶은가.

日落西山月出東
일락서산월출동

해가 서산에 떨어지고 나면 달이 동쪽에서 떠오른다.

願共法界諸衆生
원공법계제중생

원하옵나니, 시방 법계의 모든 중생들과 더불어

同入彌陀大願海
동입미타대원해

아미타 부처님이 세운 극락세계에 왕생하기를 바라옵니다.

盡未來際度衆生
진미래제도중생

미래세가 다하도록 끝없이 중생을 제도하여

自他一時成佛道
자타일시성불도

나와 남이 한꺼번에 모두 다 불도를 이루기를 바라옵니다.

南無西方淨土　極樂世界　三十六萬億　一十一萬　九千五百
나무서방정토　극락세계　삼십육만억　일십일만　구천오백

同名同號　大慈大悲　阿彌陀佛
동명동호　대자대비　아미타불

서방의 청정한 국토 극락세계에서 중생을 제도하시는 삼십육만
억 일십일만 구천오백 분의 똑 같은 이름을 가지신 대자대비의
아미타 부처님께 목숨 다해 왕생하길 원하옵나이다.

南無西方淨土　極樂世界　佛身長廣　相好無邊　金色光明
나무서방정토　극락세계　불신장광　상호무변　금색광명

遍照法界
변조법계

서방의 청정한 국토 극락세계에 계시는 아미타 부처님은 거대하
고 광대한 육신에 끝없이 아름다운 32상과 80가지의 공덕상을 모
두 다 갖추시고 황금색 광명을 내뿜으면서 전 우주법계를 두루
비추고 계시옵니다.

四十八願　度脫衆生　不可說　不可說傳　不可說　恒河沙
사십팔원　도탈중생　불가설　불가설전　불가설　항하사

마흔여덟 가지 큰 서원을 세워 극락세계를 만드시고 언어로써는
가히 다 말할 수 없고 전할 수도 없는 그리고 또 표현할 수도 없
는 갠지스 강 가의 모래알 수보다도 더 많은 중생들을 모두 다
구제하시고 계시는 아미타 부처님께 목숨 다해 귀의하옵나이다.

佛刹微塵數　稻麻竹葦　無限極數　三百六十萬億　一十一萬
불찰미진수　도마죽위　무한극수　삼백육십만억　일십일만

九千五百
구천오백

먼지가루 수보다도 더 많고 벼낱알 삼대 대나무 갈대보다도 더
많아서 도저히 숫자로 어떻게 표현할 수 없도록 많고도 많은 모
든 부처님 나라에

同名同號　大慈大悲　我等導師　金色如來　阿彌陀佛
동명동호　대자대비　아등도사　금색여래　아미타불

똑 같은 하나의 이름으로 항상 중생을 보살피시는 삼백육십만억

일십일만 구천오백 분의 대자대비하신 우리들의 위대한 스승이

신 금색여래 아미타 부처님께 목숨 다해 귀의하옵니다.

南無無見頂上相　阿彌陀佛
나무무견정상상　아미타불

그 누구도 머리 꼭대기를 볼 수가 없는 아미타불께 귀의합니다.

南無頂上肉髻相　阿彌陀佛
나무정상육계상　아미타불

정수리에 거룩한 살 상투를 가지신 아미타 부처님께 귀의합니다.

南無髮紺琉璃相　阿彌陀佛
나무발감유리상　아미타불

머릿결이 보라빛 유리 같은 아미타 부처님께 귀의합니다.

南無眉間白毫相　阿彌陀佛
나무미간백호상　아미타불

양 눈썹 사이에 백옥 같은 백호상을 가지신

아미타불께 귀의합니다.

南無眉細垂楊相　阿彌陀佛
나무미세수양상　아미타불

버들가지처럼 아름다운 눈썹을 가지신

아미타 부처님께 귀의합니다.

南無眼目淸淨相　阿彌陀佛
나무안목청정상　아미타불

더 없이 맑고 깨끗한 눈동자를 가지신

아미타 부처님께 귀의합니다.

南無耳聞諸聲相　阿彌陀佛
나무이문제성상　아미타불

모든 소리들을 모두 다 들을 수 있는
아미타 부처님께 귀의합니다.

南無鼻高圓直相　阿彌陀佛
나무비고원직상　아미타불

높고 둥글고 곧은 코를 가지신 아미타 부처님께 귀의합니다.

南無舌大法螺相　阿彌陀佛
나무설대법라상　아미타불

큰 소라살 같은 긴 혀를 가지신 아미타 부처님께 귀의합니다.

南無身色眞金相　阿彌陀佛
나무신색진금상　아미타불

온몸에서 황금색이 뿜어져 나오는 아미타 부처님께 귀의합니다.

南無文殊菩薩
나무문수보살

문수보살님께 귀의합니다.

南無普賢菩薩
나무보현보살

보현보살님께 귀의합니다.

南無觀世音菩薩
나무관세음보살

관세음보살님께 귀의합니다.

南無大勢至菩薩
나무 대 세 지 보 살

대세지보살님께 귀의합니다.

南無金剛藏菩薩
나무 금 강 장 보 살

금강장보살님께 귀의합니다.

南無除障碍菩薩
나무 제 장 애 보 살

제장애보살님께 귀의합니다.

南無彌勒菩薩
나무 미 륵 보 살

미륵보살님께 귀의합니다.

南無地藏菩薩
나무 지 장 보 살

지장보살님께 귀의합니다.

南無一切淸淨大海中菩薩摩訶薩
나무 일 체 청 정 대 해 중 보 살 마 하 살

큰 바다같이 모여 있는 청정한 일체의

보살마하살님들께 귀의합니다.

願共法界諸衆生
원 공 법 계 제 중 생

원하옵나니, 일체 법계의 모든 중생들이 모두 다 함께

同入彌陀大願海
동 입 미 타 대 원 해

아미타 부처님께서 세우신
거대한 원력의 세계에 들어가길 비옵니다.

十方三世佛
시방삼세불
시방의 모든 부처님 가운데서

阿彌陀第一
아미타제일
아미타 부처님이 제일이십니다.

九品度衆生
구품도중생
구품의 등급으로 중생을 구제하시니

威德無窮極
위덕무궁극
그 위덕이 정말 무궁하시옵니다.

我今大歸依
아금대귀의
저는 이제 목숨을 다해 크게 귀의하면서

懺悔三業罪
참회삼업죄
탐진치로 지은 죄업을 참회하옵니다.

凡有諸福善
범유제복선
지금까지 지어온 모든 복덕과 선행을

至心用廻向
지 심 용 회 향

중생들에게 지심으로 돌려주고자 하옵니다.

願同念佛人
원 동 염 불 인

원하옵나니, 함께 염불하는 모든 사람들

盡生安樂國
진 생 안 락 국

모두 다 극락세계에 왕생토록 해 주옵소서.

見佛了生死
견 불 료 생 사

아미타 부처님 뵙고 생사의 고리 벗어나

如佛度一切
여 불 도 일 체

부처님처럼 중생을 제도하고 싶사옵니다.

願我臨欲命終時
원 아 임 욕 명 종 시

원하옵나니, 저의 목숨이 끝나려 할 때에

盡除一切諸障碍
진 제 일 체 제 장 애

일체의 모든 장애 모두 다 없애고서

面見彼佛阿彌陀
면 견 피 불 아 미 타

금빛 광명 찬란한 아미타불을 친견하고

卽得往生安樂刹
즉 득 왕 생 안 락 찰

곧 바로 극락세계에 왕생하길 바라옵니다.

願以此功德
원 이 차 공 덕

원하옵나니, 이러한 염불 공덕이

普及於一切
보 급 어 일 체

법계의 일체 중생에게 고루 퍼져서

我等汝衆生
아 등 여 중 생

저희들과 더불어 모든 중생들이

當生極樂國
당 생 극 락 국

반드시 저 극락세계에 태어나

同見無量壽
동 견 무 량 수

다 함께 아미타 부처님 친견하고

皆共成佛道
개 공 성 불 도

모두 다 불도를 이루도록 발원합니다.

願往生　　願往生
원 왕 생　　원 왕 생

극락왕생 원하고 극락왕생 원하옵니다

182

願生極樂見彌陀
원 생 극 락 견 미 타

극락세계 태어나서 아미타불 친견하고

獲蒙摩頂受記別
획 몽 마 정 수 기 별

저의 머리 만지시며 수기받길 원하옵니다.

願往生 願往生
원 왕 생 원 왕 생

극락왕생 원하고 극락왕생 원하옵니다

願在彌陀會中坐
원 재 미 타 회 중 좌

거룩한 아미타불 그 부처님 회중에서

手執香華常供養
수 집 향 화 상 공 양

언제나 향과 꽃을 공양하길 원하옵니다.

願往生 願往生
원 왕 생 원 왕 생

극락왕생 원하고 극락왕생 원하옵니다

願生華藏蓮華界
원 생 화 장 연 화 계

연꽃들이 어우러진 그 세계에 태어나서

自他一時成佛道
자 타 일 시 성 불 도

모두 다 한꺼번에 성불하길 원하옵니다.

화엄경 약찬게

　부처님 입멸하시고 난 뒤 제2의 석가모니라고 칭송되어온 대승불교의 비조 용수보살이 지은 이 약찬게는 화엄경의 내용인 7처 9회 39품 53선지식과 그 외에 수많은 호법신장들이 거론되고 있어서 수많은 사람들이 화엄신앙의 교본으로 애송하고 있다.

大方廣佛華嚴經
대 방 광 불 화 엄 경

크고 방정하고 광대한 부처님 세계를

꽃처럼 아름답게 장엄한 화엄경을

龍樹菩薩略纂偈
용 수 보 살 약 찬 게

인도의 용수 보살이 간략하게 그 뜻을 모아

게송으로 엮어 놓았습니다.

南無華藏世界海
나 무 화 장 세 계 해

수많은 꽃송이들로 장식한 것 같은

거대한 적멸의 깨달음 세계에

毘盧遮那眞法身
비 로 자 나 진 법 신

우주에 두루 가득한 진리의 본체이신 법신불 비로자나 부처님과

現在說法盧舍那
현재 설법 노 사 나

중생들을 위해 언어로 설법해 주시는

공덕의 보신불 노사나 부처님과

釋迦牟尼諸如來
석 가 모 니 제 여 래

천백억 화신의 응신으로 나타나시는 화신불 석가모니 부처님과

過去現在未來世
과 거 현 재 미 래 세

과거와 현재에 부처가 되시고,

그리고 미래에 부처가 되려 하시는

十方一切諸大聖
시 방 일 체 제 대 성

시방 허공계 계시는 모든 대성인들께 지성으로 귀의하옵니다.

根本華嚴轉法輪
근 본 화 엄 전 법 륜

중생들에게 부처님 세계를 전하는

그 근본의 경전이 이 화엄경인 것은

海印三昧勢力故
해 인 삼 매 세 력 고

해인삼매에 들면 적멸의 부처님 세계가

그대로 나타나기 때문입니다.

普賢菩薩諸大衆
보 현 보 살 제 대 중

보현보살님을 따라 공덕을 쌓고 지혜를 닦는

일체의 대중 수행자들과

執金剛神身衆神
집금강신신중신

금강저를 들고 계시는 집금강신과
그분을 따르는 모든 권속신들

足行神衆道場神
족행신중도량신

족행신과 그 대중신들,
그리고 도량신과 그분을 따르는 권속신들

主城神衆主地神
주성신중주지신

마을을 다스리는 주성신과 그 권속신들, 토지신과
그 대중 권속신들

主山神衆主林神
주산신중주림신

산을 다스리는 주산신과 권속신들,
숲을 다스리는 주림신과 대중신들

主藥神衆主稼神
주약신중주가신

약을 다스리는 주약신과 그 대중신들,
곡식의 신인 주가신과 대중신들

主河神衆主海神
주하신중주해신

강물을 다스리는 주하신과 대중신들,
바다를 다스리는 주해신과 대중신들

主水神衆主火神
주 수 신 중 주 화 신

물을 관장하는 주수신과 그 대중신들,

불을 다스리는 주화신과 대중신들

主風神衆主空神
주 풍 신 중 주 공 신

바람을 다루는 주풍신과 대중신들,

허공을 주관하는 주공신과 대중신들

主方神衆主夜神
주 방 신 중 주 야 신

방위를 다스리는 주방신과 대중신들,

밤을 다스리는 주야신과 대중신들

主晝神衆阿修羅
주 주 신 중 아 수 라

낮을 관장하는 주주신과 아수라왕,

그리고 그를 따르는 모든 대중신들

迦樓羅王緊那羅
가 루 라 왕 긴 나 라

금시조인 가루라왕과 대중신들,

사람의 모습을 가진 긴나라왕과 대중신들

摩睺羅伽夜叉王
마 후 라 가 야 차 왕

뱀들의 왕 마후라가왕과 대중신들,

사람의 모습을 가진 긴나라왕과 대중신들

諸大龍王鳩槃茶
제 대 용 왕 구 반 다

용들의 왕인 큰 용왕과 대중들,

정기를 빨아 먹는 구반다왕과 그 대중신들

乾闥婆王月天子
건 달 바 왕 월 천 자

음악을 관장하는 건달바왕과 그 대중신들,

달의 신인 월천자왕과 대중들

日天子衆忉利天
일 천 자 중 도 리 천

태양신인 일천자왕과 그 대중들,

옥황상제인 도리천왕과 그 하늘 대중들

夜摩天王兜率天
야 마 천 왕 도 솔 천

야마천왕과 그를 외호하는 모든 권속들,

도솔천왕과 그를 따르는 대중들

化樂天王他化天
화 락 천 왕 타 화 천

화락천왕과 그를 외호하는 모든 권속들,

타화자재천왕과 그 모든 대중들

大梵天王光音天
대 범 천 왕 광 음 천

대범천왕과 그를 따르는 모든 권속들,

광음천왕과 그를 외호하는 대중들

遍淨天王廣果天
변 정 천 왕 광 과 천

변정천왕과 그를 외호하는 대중들,

광과천왕과 그를 따르는 모든 대중들

大自在王不可說
대 자 재 왕 불 가 설

대자재천왕과 그 대중들에 이어 많고도 많은

모든 신들께도 귀의합니다.

普賢文殊大菩薩
보 현 문 수 대 보 살

대보살이신 보현보살님과 문수보살님

法慧功德金剛幢
법 혜 공 덕 금 강 당

법혜보살님과 공덕보살님, 그리고 금강당보살님

金剛藏及金剛慧
금 강 장 급 금 강 혜

금강장보살님과 금강혜보살님

光焰幢及須彌幢
광 염 당 급 수 미 당

광염당보살님과 또 수미당브살님

大德聲聞舍利子
대 덕 성 문 사 리 자

덕 높으신 대덕의 성자들과 성문들,

그리고 지혜제일이신 사리블존자님

及與比丘海覺等
급 여 비 구 해 각 등
또 부처님이 화엄경을 설하실 때에 운집한
해각 같은 비구의 수많은 무리들과

優婆塞長優婆夷
우 바 새 장 우 바 이
남자신자들, 장자들, 여자신자들과

善財童子童男女
선 재 동 자 동 남 녀
선재 동자와 더불어 어린 선남선녀들이
구름같이 그 장소에 모여들다 보니

其數無量不可說
기 수 무 량 불 가 설
그 수가 얼마나 많은지 한량이 없어서
무엇으로도 표현할 수가 없습니다.

善財童子善知識
선 재 동 자 선 지 식
깨달음을 향해 모든 난관을 뚫고 나아가는
선재 동자의 첫번째 선지식은

文殊舍利最第一
문 수 사 리 최 제 일
장엄당사림에서 보조일체법계경을 강설하시던
문수보살님이었습니다.

德雲海雲善住僧
덕 운 해 운 선 주 승
그 다음으로는 가락국의 덕운 비구

해문국의 해운 비구, 선주 비구이시고

彌伽解脫與海幢
미 가 해 탈 여 해 당

자재국의 의사인 미가 장자, 주림국의 해탈 장자,

염부제국의 해당 비구와

休舍毘目瞿沙仙
휴 사 비 목 구 사 선

보장엄 숲에 계시던 휴사 선녀, 해조국의 비목 선인,

진구국의 구사 선인과

勝熱婆羅慈行女
승 열 바 라 자 행 녀

11번째로 승열 바라문과

12번째로 사자분신성에 살고 있던 자행 동녀와

善見自在主童子
선 현 자 재 주 동 자

구도국의 선현 비구와

윤나국 보성문 밖 강가에서 놀던 자재 동자와

具足優婆明智士
구 족 우 바 명 지 사

해주성의 구족 우바이와

대흥성 칠보당의 대좌 위에 있던 명지 거사와

法寶髻長與普眼
법 보 계 장 여 보 안

사자중각 성안에 있던 법브계 장자와 실리근국의

보안묘향 장자와

無厭足王大光王
무염족왕대광왕

만당성의 성주 무렴족왕과 선광성의 칠보궁전에 있던 대광왕과

不動優婆遍行外
부동우바변행 외

안주성의 여성 선지식인 부동 선녀와

지족성에 살고 있던 변행 외도와

優婆羅華長子人
우바라화장자인

그 다음으로 감로미국에 살고 있던 청련화향인 우바라화 장자와

婆施羅船無上勝
바시라선무상승

누각성에 있던 바시라 뱃사공과

가락성 무우림에 있던 무상승 장자와

獅子嚬伸婆須密
사자빈신바수밀

수나국의 사자분신 비구니와

험난국 보장엄성에 있던 바수밀다 여인과

毘瑟祇羅居士人
비슬지라거사인

계속해서 남쪽으로 내려가면서 만난

또다른 선지식은 비실지라 거사와

觀自在尊與正趣
관자재존여정취

보타락가산 시냇가에 계시던 관세음보살님과 더불어

정취보살님과

大天安住主地神
대천안주주지신

바라바제성에서 법을 설하던 대천 성자와

마갈제국의 안주지신과

婆珊婆演主夜神
바산바연주야신

중생들에게 지혜의 빛을 비춰주는

가비라성의 바산바연주야천신과

普德淨光主夜神
보덕정광주야신

보살의 10가지 법문을 성취하도록 가르쳐 주신

보덕정광주야천신과

喜目觀察衆生神
희목관찰중생신

큰 깨달음에 이르러 육바라밀을 가르쳐 주신

희목관찰중생야천신과

普救衆生妙德神
보구중생묘덕신

보혜염등청당이라는 지혜의 광명을 발하는

보구중생묘덕야천신과

寂靜音海主夜神
적정음해주야신

무량환희장엄을 성취하여 중생을 수호해 주는

적정음해주야천신과

守護一切主夜神
수 호 일 체 주 야 신

부처님의 심심묘덕자재음성의 법문을 깨달으신

수호일체주야천신과

開敷樹華主夜神
개 부 수 화 주 야 신

중보향수 누각에서 가부좌를 하고 계시던

개부수화주야천신과

大願精進力救護
대 원 정 진 력 구 호

보조마니왕좌에서 서원과 용기를 내뿜는

대원정진력구호야천신과

妙德圓滿瞿婆女
묘 덕 원 만 구 바 녀

룸비니 동산에 있던 묘덕원만천신과 가비라국에 있던 구바 여인과

摩耶夫人天主光
마 야 부 인 천 주 광

가비라성 수호신의 도움으로 만난 마야 부인과 또 천주광 아가씨와

遍友童子衆藝覺
변 우 동 자 중 예 각

가비라성에 있던 변우 동자와 그의 안내로 만난 선지 중예 동자와

賢勝堅固解脫長
현 승 견 고 해 탈 장

바루다나성에 계시던 현승 신녀와

194

옥전성에서 만난 견고해탈 장자와

妙月長子無勝軍
묘 월 장 자 무 승 군

정지광명을 증득한 묘월 장자와 출생성에서 만난 무승군 장자와

最寂靜婆羅門者
최 적 정 바 라 문 자

보살경지에 이르는 수행을 완벽하게 잘 알고 있는

최적정 바라문과

德生童子有德女
덕 생 동 자 유 덕 녀

묘의화문성에 살면서 환주의 법을 깨달은

덕생 동자와 유덕 여인과

彌勒菩薩文殊等
미 륵 보 살 문 수 등

해간국의 누각에 계시던 미륵보살과

보문성의 문수보살님에 이어

普賢菩薩微塵衆
보 현 보 살 미 진 중

보현보살님 등 선재 동자가 만난

수많은 선지식분들께도 귀의합니다.

於此法會雲集來
어 차 법 회 운 집 래

시방 전 세계에서 화엄법회에 참석하기 위해

운집한 모든 대중들은

常隨毘盧遮那佛
상 수 비 로 자 나 불

항상 진리의 본체이신 청정법신 비로자나 부처님을

지성껏 모십니다.

於蓮華藏世界海
어 련 화 장 세 계 해

비로자나 부처님은 모든 대중들과

바다같이 넓고 큰 연화장세계를

造化莊嚴大法輪
조 화 장 엄 대 법 륜

한없는 장엄의 큰 법회를 열어 중생들에게

화엄의 법륜을 펴십니다.

十方虛空諸世界
시 방 허 공 제 세 계

화장세계뿐만 아니라 시방 허공계의

모든 인연 있는 중생세계에서도

亦復如是常說法
역 부 여 시 상 설 법

그 화장세계에서와 같이 미묘한 가르침을

항상 설해 주고 계십니다.

六
육

화엄경은 부처님이 보리장에서 첫 법회를 열어

여섯 품을 설하셨고

六
육

두 번째는 보광명전에서 여셨는데,
그곳에서도 여섯 품을 설하셨으며

六
육

세 번째는 도리천궁에서 여셨는데,
그곳에서도 여섯 품을 설하셨으며

四
사

네 번째는 야마천궁에서 여셨는데,
그곳에서도 네 품을 설하셨으며

及與三
급여삼

다섯 번째는 도솔천궁에서 여셨는데,
그곳에서도 세 품을 설하셨고

一
일

여섯 번째는 타화자재천궁에서 여셨는데,
그곳에서는 한 품을 설하셨고

十一
십일

일곱 번째는 보광명전에서 여셨는데,
그곳에서도 열한 품을 설하셨으며

一
일

여덟 번째도 보광명전에서 여셨는데,
그곳에서도 한 품을 설하셨고

亦復一
역 부 일

마지막으로 급고독원에서 여셨는데,
거기서는 한 품만을 설하셨습니다.

世主妙嚴如來相
세 주 묘 엄 여 래 상

화엄경은 39품으로 완성되었는데,
그것은 세주묘엄품과 여래현상품과

普賢三昧世界成
보 현 삼 매 세 계 성

계속해서 보현보살님이 설한 보현삼매품과 세계성취품과

華藏世界盧舍那
화 장 세 계 노 사 나

화장세계품과 비로자나품과

如來名號四聖諦
여 래 명 호 사 성 제

문수보살님이 설한 여래명호품과 사성제품과

光明覺品問明品
광 명 각 품 문 명 품

광명각품과 보살문명품과

淨行賢首須彌頂
정 행 현 수 수 미 정

정행품과 현수품과 승수미산정품과

須彌頂上偈讚品
수 미 정 상 게 찬 품

수미정상게찬품과

菩薩十住梵行品
보 살 십 주 범 행 품

법혜보살이 설한 보살십주품과 범행품과

發心功德明法品
발 심 공 덕 명 법 품

초발심공덕품과 명법품과

佛昇夜摩天宮品
불 승 야 마 천 궁 품

불승야마천궁품과

夜摩天宮偈讚品
야 마 천 궁 게 찬 품

야마궁중게찬품과

十行品與無盡藏
십 행 품 여 무 진 장

공덕림보살이 설한 십행품과 십무진장품과

佛昇兜率天宮品
불 승 도 솔 천 궁 품

불승도솔천궁품과

兜率天宮偈讚品
도솔천궁게찬품

도솔천궁게찬품과

十廻向及十地品
십회향급십지품

금강당보살이 설한 십회향품과 금강장보살이 설한 십지품과

十定十通十忍品
십정십통십인품

보현보살이 설한 십정품과 십통품과 십인품과

阿僧祇品與壽量
아승지품여수량

부처님이 설하신 아승지품과 심왕보살이 설한 여래수량품과

菩薩住處佛不思
보살주처불부사

또 그 보살이 설한 제보살주처품과

연화장보살이 설한 불부사의법품과

如來十身相海品
여래십신상해품

보현보살이 설한 여래십신상해품과

如來隨好功德品
여래수호공덕품

부처님께서 설하신 여래수호광명공덕품과

普賢行及如來出
보현행급여래출

보현보살님이 설한 보현행원품과 여래출현품과

離世間品入法界
이 세 간 품 입 법 계

이세간품과 선재 동자의 구법행각을 말한 입법계품들입니다.

是爲十萬偈頌經
시 위 십 만 게 송 경

이 경전은 십만 게송 십조 구만 오천 사십 팔자로 구성되고

三十九品圓滿敎
삼 십 구 품 원 만 교

삼십구품이 완벽하게 갖추어져 경전 중에서

최고의 가르침입니다.

諷誦此經信受持
풍 송 차 경 신 수 지

누구든지 이 경전을 받아지니고 지성껏 그 내용을 독송하게 되면

初發心時便正覺
초 발 심 시 변 정 각

머지 않아 반드시 아누다라 샴막삼보디를 증득하게 될 것입니다.

安坐如是國土海
안 좌 여 시 국 토 해

그래서 깨달음의 세계, 즉 화장세계해에 편안하게 앉게 되므로

是名毘盧遮那佛
시 명 비 로 자 나 불

그를 바로 청정법신 비로자나 부처라고 칭송하고 공경할 것입니다.

의상조사 법성게

이 법성게는 의상 스님이 당나라 종남산 지상사에 계시던 화엄학의
대가 지엄 대사 문하에서 오랫동안 화엄경을 연구한 후 그 심오한 뜻
을 간략하게 게송으로 찬술해 그 스승에게 바친 것이라고 한다. 이 게
송을 읽어 본 지엄 대사는 그대가 진정 화엄경의 세계를 통달하였구나
하면서 대단히 흡족해 하며 화엄학의 종장으로 흔쾌히 인가를 내려 주
었다고 한다.

法性圓融無二相
법 성 원 융 무 이 상

법계의 성품은 허공처럼 원융하기 때문에

상대적 모습이 있을 수 없고

諸法不動本來寂
제 법 부 동 본 래 적

모든 법은 동요함이 없는 상태로

거울같이 그 본성이 텅 비어져 있기에

無名無相絶一切
무 명 무 상 절 일 체

무어라 이름붙일 수도 없고 어떤 모양이라고 단언해

설명할 수가 없다.

證智所知非餘境
증지소지비여경

이러한 도리는 오직 부처님만 알 수 있을 뿐,

그 누구도 알 수가 없다.

眞性甚深極微妙
진성심심극미묘

법계의 진실된 성품은 대단히 심오하고

또 더없이 미묘하기 때문에

不守自性隨緣成
불수자성수연성

자성을 지키지 못하면

수만 가지 반연된 현상의 모습으로 나타나게 된다

一中一切多中一
일중일체다중일

성품 가운데 우주가 들어 있지만

우주는 바로 하나인 성품의 다변화라서

一卽一切多卽一
일즉일체다즉일

하나는 일체에 즉합되어 있고

일체는 또 하나에 즉합되어 이루어져 있다

一微塵中含十方
일미진중함시방

미세한 하나의 먼지에 전 우주의 기운이

모두 다 포함되어 있기 때문에

一切塵中亦如是
일 체 진 중 역 여 시

낱낱의 먼지마다 전 우주에 펼쳐진

일체의 현상이 바로 다 들어가 있다

無量遠劫卽一念
무 량 원 겁 즉 일 념

무량한 시간이라 하더라도 지금 이 한 생각 안에

그대로 관통되어 있고

一念卽時無量劫
일 념 즉 시 무 량 겁

이 짧은 한 생각 안에 한량없이 길고 긴 세월이

즉합되어 꿰어져 있다

九世十世互相卽
구 세 십 세 호 상 즉

과거 현재 미래의 삼세 속에

또 과거 현재 미래가 서로 엉키고 겹치지만

仍不雜亂隔別成
잉 불 잡 란 격 별 성

조금도 혼란스럽지 않게 제각기 독특한 현상의 모습으로

나타나고 있다

初發心時便正覺
초 발 심 시 변 정 각

깨닫고자 처음으로 마음을 일으킬 때가

바로 깨달음에 즉합할 때인 것은

生死涅槃相共和
생 사 열 반 상 공 화

번뇌와 지혜에 이어 생사와 열반이

서로 함께 더불어 공존하고 있기에

理事冥然無分別
이 사 명 연 무 분 별

본질의 그 심오함과 현실의 그 오묘함이

다르게 분별이 없기 때문이다.

十佛普賢大人境
십 불 보 현 대 인 경

이러한 이치는 시방세계 부처님과 보현보살 경지라야

이해할 수가 있다

能仁海印三昧中
능 인 해 인 삼 매 중

석가모니 부처님이 적멸의 바탕인 해인삼매 가운데에

조용히 계시지만

繁出如意不思議
번 출 여 의 부 사 의

인연 있는 중생들에게 불가사의한 신통들을

자주자주 내보이시고 있다

雨寶益生滿虛空
우 보 익 생 만 허 공

감로비가 대지에 내리는 것처럼

자비의 손길이 우주에 가득하다 보니

衆生隨器得利益
중 생 수 기 득 이 익

그분을 사모하는 중생은 그 그릇에 따라

한없는 이익을 얻을 수 있다.

是故行者還本際
시 고 행 자 환 본 제

수행자들이 이런 가피를 입게 되어

본래의 고향인 일심에 되돌아가면

叵息妄想必不得
파 식 망 상 필 부 득

망녕된 생각과 번뇌를 끊지 않으려 해도

자연히 끊어 없어지게 된다

無緣善巧捉如意
무 연 선 교 착 여 의

그분의 절대자비와 교묘한 방편을 힘입으면

하나도 힘드는 게 없어서

歸家隨分得資量
귀 가 수 분 득 자 량

본래의 고향으로 되돌아가는데 필요한 양식을

근기 따라 얻을 수 있다

以陀羅尼無盡寶
이 다 라 니 무 진 보

법계의 성품인 자성에는 다함없는 다라니 구슬과 같은

공덕이 있기에

莊嚴法界實寶殿
장 엄 법 계 실 보 전

그것을 깨달아 시방법계에

거대하고 장엄한 진실된 법보전을 꾸미고서

窮坐實際中道床
궁 좌 실 제 중 도 상

상대와 차별심이 없어진 실제의 중도 자리에 마지막으로 앉게 되면

舊來不動名爲佛
구 래 부 동 명 위 불

그곳이 본래부터 변치 않은 자기의 부처자리라는 것을

알게 되는 것이다.

稽首西方安樂刹
계 수 서 방 안 락 찰

지극히 안락하여 고통과 괴로움 없는 서방 극락세계에서

接引衆生大導師
접 인 중 생 대 도 사

중생을 이끄시는 아미타불 대도사께 큰절을 올리나이다

我今發願願往生
아 금 발 원 원 왕 생

저 이제 아미타 부처님 세계에 지극히 왕생하길 원하오니

唯願慈悲哀納受
유 원 자 비 애 납 수

자비를 베푸셔서 가련한 저의 애잔한 소원 들어주옵소서.

故我一心歸命頂禮
고 아 일 심 귀 명 정 례

목숨 다해 귀의하고 일심으로 머리 숙여 예배 드리나이다.